客庄生活
影像故事

凝視
頭份

張阿祥

張阿祥
攝影

黎振君
撰文

讓大家看到客家

影像紀錄是文化傳播的重要工具，代替人類有限的視覺，在不同的時代見證社會各個階層的發展，從而引發人們對於過去的歷史文化有更深一層的探索與感動。

從前輩客籍攝影家鏡頭下的精采畫面，尤其是 1930 年代到 1960、70 年代間，鄉土紀實攝影極盛時期的作品，不僅讓我們得以窺見早期台灣客家的歷史足跡，體會客家文化的傳世價值與質樸精神，同時也提供研究台灣攝影史發展脈絡的寶貴資源。

本會「客家文化發展中心」，在其前身籌備處階段，即持續推動「20 世紀（1975 年之前）臺灣客籍攝影家調查暨數位典藏計畫」，並將其內容延伸為出版成果。首先推出「客庄生活影像故事」系列叢書，蒐錄了包括：鄧南光、李秀雲、劉安明、李增昌、張阿祥及硬頸攝影群等多位具代表性的客籍攝影家的數百幅影像作品。

這些泛黃而珍貴的「老照片」，透過多位優秀文史工作者的深度詮釋，與專業編輯團隊的企劃整編，無形中為昔時客庄生活影像，做了一次精采的圖文呈現。不僅提供了觀照客家的最佳視野，也足堪為最好看的文化資產。

欣見「客庄生活影像故事」問世，讓讀者既能瞭解攝影家的傳奇生平，又可感受攝影家對人、對土地，以及對生活的深情注目，進而尊敬他們堅持不懈的創作態度。

期許本叢書的出版，能夠全面展現客家豐富且多元的面貌，讓大家看到客家！

行政院客家委員會 主任委員

李金振 謹誌

凡例

1. 本叢書主要影像作品源自「行政院客家委員會客家文化發展中心」於其籌備階段時所推動之「20世紀（1975年之前）臺灣客籍攝影家調查暨數位典藏計畫」，並經攝影家本人或其代表人同意授權出版。

2. 本叢書之架構，主要包含：導論、影像作品解讀、攝影家年表、圖版索引等幾個部分。

3. 本叢書文圖版面之設計，以右頁影像作品、左頁詮釋文本為原則；當影像為連續性主題者，則以多頁集錦連作之版面呈現。詮釋文本之主標下方特別標示影像拍攝之年代與地點。與影像及詮釋文本有關之對照圖、歷史文獻、特別解說，則視內容需要穿插呈現。

4. 部分影像作品由於拍攝年代較早，或收藏條件之限制，以致出現髒點、霉斑或刮痕等情形，實非攝影家創作之原貌，因此為儘量呈現畫面的完整性，且兼顧視覺的美感，而適度加以修補圖像。唯有少數影像受損程度甚難改善，但因拍攝內容極具意義，值得進一步解讀，仍保留現況選入書中。

5. 為呼應本叢書彰顯客家生活文化的題旨，內文主標在遣詞用字上，亦儘量表現客語之趣味，常見者如：華語「的」作客語「个」、「是」作「係」，「和」作「摎」或「同」、「我」作「𠊎」、「他」作「佢」、「母」作「姆」、「要」作「愛」、「挑」作「核」、「小孩」稱「細人（仔）」、「一次」為「一擺」、「一起」為「共下」等等。其他使用到的客語字詞，則於內文視情況以括弧加註、註釋等方式解釋字義與用法。為方便閱讀，註釋採「隨頁註」形式，直接放在正文之後，但以明顯較小的字體與之區隔。

6. 客語之用字，以教育部「臺灣客家語常用詞辭典」為優先參照版本，四縣腔（南、北）、海陸腔若有不同用字，則依照影像拍攝之地域而選擇運用。

7. 內文之歷史時代分期，以「清代」、「日本時代」、「光復後」為標示原則。年代標示以西曆為主，除了清代紀年以括弧加註之外，不另標示日本時代、光復後至今之紀年。

8. 中文之通同字，使用現今通行之較為簡化者，如金額之「圓」作「元」、「佔」作「占」、「份」作「分」等。關於罕用字「蕃」，本叢書也改成現行通用的「番」，即使是專有名詞（如「蕃」童教育所）也不例外，以避免因混用而造成的困擾。此外，為尊重歷史用語，並顧及語詞意義的完整傳達，不可避免地使用「番地」、「番社」等辭彙，並非有歧視之意。

目次

見證
時代个流轉

張阿祥的相館人生

從 1930 年代的青春年少開始拍照至今，
張阿祥和他的鏡頭，一起走過了皇民化運動，
經歷了戰爭年代的緊張與動員，
體會了光復初期改朝換代的動盪，
見證了社會穩定後的庶民生活風貌；
他的一生就是台灣近代歷史的縮影，
是活的歷史見證。

緣起

那是一個初秋的午後，一位老先生騎著一部粉紅色的小綿羊機車，停在我的工作室門口。

「你認得到相片肚个人無（你認得相片裡的人嗎）？」老先生從透明塑膠袋裡拿出一疊黑白照片，指著裡面的人，「我頭擺拍盡多你兜伙房个人，這兜人都不在咧（我以前拍了很多你們伙房的人，現在這些人都不在了）！」我看著其中一張照片裡英挺的年輕人，身穿戰爭時期的綁腿裝扮，似乎離我很遙遠的年代，後來經他提醒，才知道照片裡的人竟然是我叔公，更讓我驚訝的是，眼前這位老先生是我阿公的小學同學，年紀已經超過 90 歲了。

原來這位老先生叫張阿祥，是頭份在地的攝影師，在珊珠湖開了一家照相館，從 16 歲開始學攝影到現在，已經拍了將近 80 年的照片，當時心中升起一個想法，如果能夠把老先生的照片整理出來，一定會是頭份珍貴

▶張阿祥在自家頂樓，以藍天白雲山巒為背景，留下這幀氣宇軒昂、身姿挺拔的紀念照。（簡永彬攝，2009）

的文化資產，沒想到就在幾年後，這個心願
真的實現了。

人間國寶

現年 96 歲的張阿祥，是少數僅存、於日本
時代開業的攝影師，他的一生就是台灣近代
歷史的縮影，難能可貴的是，老先生不但耳
聰目明，而且記憶力很好，尤其他記錄的影
像不僅止於頭份地區，1943 年，他曾受雇
於櫻井組前往南投望鄉山林場拍攝伐木過
程，為台灣林業開發留下第一手影像資料，
還在光復後到基隆開相館，拍攝日軍遣返及
中國軍隊接收的過程。

這樣的經歷在台灣早期的攝影師當中，可說
是相當難得，致力於日本時代寫真館研究及
數位典藏的攝影工作者簡永彬，就稱張阿祥
是台灣碩果僅存的「人間國寶」，是活的歷
史見證，有必要儘速為這些珍貴影像做進一
步的口述歷史和訪查。

透過幾次訪談，才知道張阿祥的相館人生其
實走得相當坎坷，當年有錢人才玩得起的相
機，對他來說卻是不得已的謀生工具，看著
一張張的照片，他不時陷入深深的哀愁中，
回想起當年為了養家活口辛苦奔波的情景，
老先生不禁泛紅了眼眶。

童年時光

時間回到日本時代大正年間，當時的頭份屬
於新竹廳中港支廳的頭份區，住在街上的張
家算是相當著名的富貴人家，祖父張運祿經
營一家專賣日用品雜貨的「德記商行」，靠
著勤儉和信譽，加上經營借貸生意賺了不少

▲張阿祥與兒子張松光同遊北埔秀巒公園，這裡有許多張阿祥年輕時的回憶。（黎振君攝，2011）

錢，購置不少田產，因為膝下無子，抱了一個男孩傳宗接代，就是張阿祥的父親張阿森。

張阿森娶頭份名中醫陳石的女兒陳丁妹為妻，生了八個兒子及三個女兒，張阿祥出生於 1916 年 8 月 19 日，排行老二，由於家中兄弟眾多，張阿祥被過繼給堂叔張漢淵，因張漢淵二十幾歲就過世，沒有子嗣，所以只是名義上的過繼，張阿祥還是跟生父母住在一起。因為家境不錯，張阿祥受了完整的學校教育，還到頭份及田寮的私塾讀了幾年漢書，由於生活優渥，不需為家計擔憂，過著無憂無慮的逍遙生活。

不過好景不常，張阿森未能守成，財產逐漸散去，張家從雲端跌到谷底，富貴皆成過眼雲煙，家道中落使得張阿祥必須面對自己的未來，也從此改變了他的命運。對於這段往事，張阿祥始終不願多談，只說：「子不怨母醜，欠債不怨財主；賣田莫向田邊行，賣女莫喊女兒名。」

拜師學藝

「我阿姆講，家財萬貫不如一技在身，學手藝正冊使（才不必）求人。」張阿祥聽從母親的建議，選擇學照相做為專門手藝，當時照相可說是非常高尚的行業，不過也要有錢人才能學，好在張阿祥的祖母留了一筆錢給他，剛好有一位族親張鼎雙從台北學攝影回來，在頭份開設聖描軒畫像館，他的父親曾

▲◀祖父張運祿，是一名殷實的商人。

▲▶外祖父陳石，是頭份知名的中醫。

▼◀父親張阿森。

▼▶母親陳丁妹。

經向張阿祥的祖父借貸了 300 元未還，祖母就讓張鼎雙以教授照相技術當作交換條件，抵銷這筆債務。

當時學攝影，得先從畫人像開始學起，「那時候我畫過很多有名的人，像是國父、蔣介石，後來我的孫子貼一張照片在冰箱，我說那是貝多芬，他還嚇一跳，想說阿公竟然會認得外國人！」張阿祥與師父張鼎雙因為是族親，兩人保持亦師亦友的關係，張鼎雙最早是跟台北著名的畫像師羅訪梅學照相，張阿祥也經常跟著張鼎雙上台北去找師公。

當時一同在張鼎雙店裡學照相的，還有好幾位同門師兄弟，大家情同手足，互相砥礪，在張阿祥的相簿中，留下許多師兄弟互拍的練習之作，不過他們拍照不是為了休閒，而是要當作謀生工具，而且當時的相機又大又笨重，操作起來不容易，拍攝過程只要出一點問題就會失敗，對這群年紀不過十來歲的孩子來說，的確是相當沉重的壓力。

張阿祥學成手藝之後，舅舅陳來春帶著張阿祥到台北現在的重慶南路買了第一台相機，連鏡頭總共花了一百多塊錢，在當時可是一筆不小的數目。有了相機後，張阿祥開始以家人和鄰居做為練習拍照的對象，尤其是自己的兄弟姊妹，從留下的照片中可以看到當時家中的窘境，生活條件愈來愈差，張阿祥決定靠自己的力量站起來。

立業成家

離開家後，張阿祥搬到外面租房子，最早住在頭份義民廟後面的水圳邊，沒有店面，只是簡陋的矮房子，靠著認識的人介紹，接一

▲▲族親張鼎雙在頭份開畫像館，張阿祥跟他學照相、學畫人像。

▲張阿祥的手繪人像。

▲▲ 1932 年 4 月，張阿祥（左）與朋友的紀念照。

▲ 張阿祥 1932 年的自拍像，照片彩繪的手法相當精細，質感淡雅。

▲▲▶ 1932 年的攝影練習作。

些畫人像及拍照的工作，之後搬遷三、四次，一直到 1935 年大地震之後，才在頭份當時最熱鬧的下街落腳，正式掛牌成立「美影寫真館」（也稱美影寫場），是當時竹南郡登記第 8 號的寫真館。

由於張阿祥做事認真，畫像技術又好，加上朋友幫忙介紹，開業後生意逐漸上軌道，尤其是畫人像，張阿祥算是頭份出了名的畫師，像前苗栗縣長林為恭家族祖先的畫像（張阿祥的師公羅訪梅所繪）需要重新上色，找遍各相館都沒人敢接，只有他有本事完成這項重任。因為早期大多是要出門外拍，張阿祥常常頂著烈日或是寒風，帶著笨重的設備走很遠的路，花很長的時間，才能拍上一組照片賺個幾塊錢；如果碰到下雨，還得等到天氣放晴才能拍，可以說是賺辛苦錢。

當時會拍照的大多是有錢人家，尤其日本人相當喜歡拍照，對於攝影師又很尊重，像是去拍團體照，雖然錢不多又花時間，不過他們會先請張阿祥到休息室喝茶聊天，等到大家排好以後，再請攝影師出來拍。印象最深刻的是，拍完以後，日本人主管還會親自到

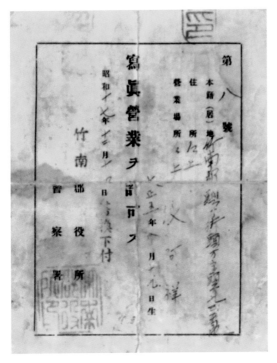

門口送行，讓他受寵若驚。

1936 年，大地震後隔年，張阿祥與出身南庄鄉員林村的李香妹結婚，李家在當地算是大戶人家，張阿祥的兒子張松光轉述母親當年嫁到張家的情況，「那時候她坐轎子要出來頭份的路上，扛轎子的人跟她說，妳要嫁給某某人嗎？他們家的財產已經都了忒（敗光）了啊！母親聽了心裡很難過，所以她是哭著嫁過來的。」

結婚翌年，老大張勝一郎出生，兩年後，張正二郎（張松光）出生。當時中日戰爭已經開打，台灣進入戰時體制，整個生活條件與經濟狀況更加險峻，為了討生活，張阿祥的父親張阿森決定舉家遷移到後山的花蓮港

▲◀張阿祥的照相館營業證。

▲照相館營業證背面的注意事項，其中包括警察可以檢查所拍照片，以及外拍時需攜帶營業證等規定。

▲張阿祥與夫人李香妹的結婚照，他親自掌鏡，且手繪上色。

廳，所有兄弟和家當全都帶去，只留下張阿祥一人在頭份。

日本殖民政府為了紓解日本內地的人口壓力，以及開發台灣東部豐富的物資，在花蓮、台東規劃多個移民村，從日本招募許多墾戶前來，積極開發製糖工業和菸業，並做為日本南進東南亞的試驗基地。由於開墾需要大批人力，吸引許多桃竹苗地區的客家人前往，幾乎每個家族都有人移民到後山，甚至後來鳳林被稱為「小頭份」，可見當時有為數不少的頭份人舉家遷移到後山，張阿祥的家族就是其中之一。

後山的生活仍舊相當艱苦，日本製糖株式會社收購甘蔗的價錢過低，夏秋之際的颱風威脅，常使得生活無以為繼。張阿祥曾在 1939 年與友人一同前往花蓮探望家人，留下許多後山的影像，看著雙親及弟弟們困苦的處境，張阿祥心中無比難過與不捨。

深入林場

在張阿祥相館生涯中，最令他記憶深刻的，是前往位在南投的望鄉山林場外拍， 1943 年，受櫻井組株式會社委託拍攝《拾週年紀念寫真帖》，完整記錄製材所開採檜木的過程，以及員工在山上工作及生活的情況。

之所以有這樣的機會，是因為這個工作實在太辛苦了，找不到日本的攝影師願意承接，後來一位在林場工作的北埔人，找了同鄉的攝影師胡裕祥，而胡裕祥正是張阿祥的同門師兄弟，兩人便相約一起接下這個工作。

「我們從水里進去，還要走好遠好遠到深山裡面，幸好攝影師可以坐溜廊（流籠）進去，我們和日本的郡守一起搭，他們都很尊敬攝影師。」年輕力壯的兩個年輕人，在寒冷的深山裡住了十多天，親身體驗了台灣高山之美，也為日本時代的台灣林業留下難得的紀錄，這段特別的生命經驗，讓張阿祥感到無比光榮。

林照相館

從望鄉山回來之後，隨著戰爭日漸激烈，生活物資愈來愈缺乏，照相資材也愈來愈貴，好友林占梅的父親看到張阿祥的相館生意受到影響，提議由他出資開設一家新的照相館，並且讓張阿祥全家免費住在店裡，條件

▲▲◀ 1939 年，張阿祥（中）到花蓮探望家人時，趁便與友人到瑞穗溫泉泡湯。

▲▲ 1943 年，張阿祥（右）與同年（指同年出生的好友）胡裕祥一起拍攝望鄉山林場時的紀念照，兩人一身戰爭時期的「國民服」裝扮。

▲張阿祥到花蓮探親時，認識了一位阿美族頭目，為他拍下這張紀念照，頭目穿西裝打領帶，胸前掛了三枚勳章，眼神凌厲，神情威嚴。

▲▲ 張阿祥（左）與林占梅合影。

▲ 好友林占梅，他是個風流倜儻的公子哥。

▲▶ 好友林祁湖，也是張阿祥的「同年」，光復後，兩人一起到基隆闖事業。

是要張阿祥帶著他的兒子一起學照相。林占梅因為家境富裕，平日喜好吃喝玩樂，是個有名的花花公子，林占梅的父親看張阿祥為人樸實又認真，希望張阿祥能夠幫忙引導這個兒子。

就這樣，張阿祥結束了美影寫真館的事業，與林占梅一起創立「林照相館」，雖然名為共同創業，其實都是張阿祥一手經營，林占梅仍然經常在外遊蕩，等到他赴日本學習攝影回來後，才真正接掌相館。如今「林照相館」已經在頭份屹立三代，許多人並不知道這段陳年往事。

經營林照相館才一年多，由於戰爭末期盟軍猛烈空襲，頭份街實施「城市疏散」，住在街上的居民紛紛撤離到鄰近的鄉村地區，張阿祥帶著家人疏散到珊珠湖，也就是現在居住的地方，開設「珊瑚照相館」，從此在這裡落地生根，只有光復後曾隻身一人到基隆開相館的短暫期間例外。

遷移到珊珠湖後，因為戰爭導致百業蕭條，根本無法做生意，年輕人不是徵調戰場，就是調去奉公（義務勞動）修路、修機場，張阿祥當時也被調到許多地方奉公，一直到戰爭結束才得以返家。

基隆創業

1945 年，台灣光復，戰爭雖然已經結束，但是百廢待舉，生活依舊無以為繼，為了尋求生路，張阿祥與關西的同年林祁湖，一起合股到基隆開了一家「美華照相館」，當時正是政權交替的時候，許多日本軍人及家眷在基隆港等待遣送回日本，中國軍隊和警察

也從基隆港登陸接收台灣，在這歷史性的時刻，許多人選擇照相來留下紀念，張阿祥也因緣際會記錄了這段過程，可惜的是，中國軍警登陸與日僑遣送的照片，並沒有保存下來。

在基隆開業期間，也是張阿祥人生中最愜意的時光，雖然離開家人獨自北上，不過因為當時基隆還沒有相館，所以生意經營得有聲有色，工作之餘還可以到處遊歷，品嚐各式美味，生活過得逍遙自在。

只是這段時間相當短暫，1947年二二八事件之後，張阿祥決定放棄基隆的事業，回到頭份重新開始，他十分懷念在基隆的那段日子，之後還偶爾回去基隆看看當年開相館的地方。

從頭開始

回到頭份珊珠湖之後，時局也逐漸穩定了，隨著政府實施三七五減租、耕者有其田及地方自治等政策，加上美國援助，台灣經濟起飛，照相不再是有錢人的專利，張阿祥的照相館生意相當穩定，尤其每年元旦及春節，更是忙得沒空吃飯。

從1945年開業到2002年停止營業，「珊瑚照相館」在頭份屹立了將近60年，從婚喪

▲◀ 1946年11月，張阿祥在拍攝日僑遣返作業的工作完成後，到基隆名勝仙洞巖遊玩時留影。

▲ 1950年代珊珠湖，張阿祥騎腳踏車載著女兒張瑞瑾，臉上滿滿開心的笑容。

喜慶到新年全家福，從入伍當兵到洋裁班結業，從畢業紀念冊到風景明信片，張阿祥忠實地記錄了許多頭份人的成長歷程，雖然只是一家小小的地方相館，卻為許多家庭留下難忘的回憶，也為頭份地區的發展做了見證。

感念恩情

雖然張阿祥很早就把相館交給兒子張松光經營，不過他仍然無法忘情攝影，喜歡旅遊的他，帶著太太到處遊玩，慰勞她一生為家庭付出的辛勞，還到四川探望留在大陸的弟弟張阿維，1946 年，張阿維在哥哥的鼓勵下加入國民黨部隊，沒想到從此失去音訊，讓張阿祥深感歉疚，直到開放大陸探親，

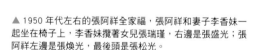

▲ 1950 年代左右的張阿祥全家福，張阿祥和妻子李香妹一起坐在椅子上，李香妹攬著女兒張瑞瑾，右邊是張盛光；張阿祥左邊是張煥光，最後頭是張松光。

▲▶ 珊瑚照相館外觀，從手工時代一路走入數位時代，相館與時俱進，騎樓下掛了個「電腦照相」招牌，繼續為鄉親服務。

終於兄弟重逢，看到弟弟功成名就、子孫滿堂，也讓張阿祥放下心中的重擔。

如今張阿祥依然充滿活力，每天早上起床後，必定先到公廳祭拜祖先，感念父母恩情，之後外出走路，回家後開始閱讀報紙，只要看到有趣的活動消息，他就會騎著摩托車出去拍照，或者到處串門子。他總是帶著一疊疊用塑膠袋包著的老照片，去拜訪這些曾經找他拍的老客人，如果老人家過世了，他會把照片送給老人家的後代子孫留念，他說，要不是有這些客人這麼支持他，他的生意哪做得起來！

如此重感情以及常懷感恩之心的美德，在現代社會已經快要絕跡了。時代的快速變遷與價值觀的改變，時常讓張阿祥很感慨；但對於相機科技的改變，他倒是樂於接受，每回見他拿著數位相機拍照，都像是個快樂的小男孩。就在採訪的過程中，老先生為我們全家拍了一張全家福，「來！小朋友，看這裡！」從他認真的神情裡，彷彿又看見年輕時的張阿祥，用心為每位客人拍下每個幸福的時刻。

張阿祥的人生歷程，是這麼的與眾不同，本書所要呈現的，即在於將他的影像史與生命史，嵌入台灣歷史及頭份發展史，以殖民、產業、烽火、交替、和平等五個篇章，解讀從日本時代後期的皇民化運動、產業概況、戰爭局勢，至光復初期的改朝換代、1950與60年代的經濟發展等歷史背景，以及以頭份、三灣等地為主的庶民生活樣貌。

現在就讓我們打開張阿祥的人生相簿，進入一個個精采動人的生命故事。

▲▲ 張阿祥與妻子李香妹合影。

▲ 張阿祥在自家為本書作者拍的全家福。

殖民

1931 年，張阿祥開始學攝影和照片彩繪技術，學成之後，先以家人及鄰居為試拍對象，隨著技術日趨成熟，「美影」相館正式開業，拍攝對象日益廣泛，場景也逐漸拉大，他的鏡頭，彷彿時光的嚮導，帶領我們走過 1935 年大地震前後的頭份街、徜徉中港溪畔、拜訪三灣山裡的小學、一起到台北看博覽會、翻山越嶺到後山花蓮探視客家移民的新家園……。

在這些人物寫真裡，有堅守傳統的地方耆老，有改了日本姓名的商人，有一身洋服打扮的時尚女性，有穿和服的日本老師、有光著雙腳上學的小學生；主題多樣，包括溫馨的家族照、輕快的郊遊照、喜悅的婚紗照、歡鬧的酒家宴席照、嚴肅的畢業照、肅穆的告別式紀念照……，畫面歷久而彌新，既是家鄉風土人物的珍貴紀錄，也是日本殖民統治後期皇民化運動的時代印記。

家庭習作

1932-33
苗栗頭份

1930年代初期的家庭照是張阿祥最早期的練習之作,當時張阿祥剛從台北買回相機,想要試試看到底能不能拍,照片可不可以洗出來,因此先從自己的家人開始做實驗,雖然沒有刻意的裝扮或擺飾,卻呈現出自然樸實的風格,以及真實生活的樣貌。

在母親陳丁妹的建議下,張阿祥走上了攝影之路,向在頭份聖描軒畫像館的族親張鼎雙學藝。學成之後,張阿祥準備靠這門手藝謀生,不過當時的照相機可是相當昂貴,家中賣掉的田產,剛好只夠買一台相機,其他就要靠自己打拚了。張阿祥先請專門畫看板的吳維水,幫忙製作類似屏風的布景,然後從母親及弟弟們拍起,等到熟練之後,再正式對外招攬生意。

由於是試拍,出身頭份名門世家的陳丁妹,儘管未施脂粉、衣著樸素,腳上穿著夾腳鞋,坐在藤編的交椅上,卻仍然流露出大戶人家千金的貴氣;而頭上整齊的「髻鬃1」,充分展現客家婦女的樸質之美。

至於張阿祥的幾位弟弟,年紀小的還穿著開襠褲,靠近褲襠的地方開了一個大洞,不但免去包尿布的麻煩,也方便隨時隨地解決;已經上學的孩子則是身穿汗衫,下身穿著西式長褲,腰繫皮帶,前方有拉鍊,此時西服已漸漸取代漢服,成為衣著的主流。

經過練習後,張阿祥的技術日臻成熟,便在老家開設「美影寫真館」,至於其他兄弟則隨著父母移往花蓮,後來有些留在後山耕田,有些又回到西部打炭(挖煤礦),還有一位大弟張阿維光復後加入國民黨軍隊,最後留在中國大陸四川,八個兄弟雖然出生在同一家庭,卻有著完全不同的命運。

1.「髻鬃」是台灣客家婦女的傳統髮式,把頭髮分束紮結,尾端捲好固定,張阿祥母親的前髮高高梳起,又稱為「膨頭」,是北客婦女獨有的造型。

左:1932年冬天,張阿祥剛買相機不久,以家人為練習拍攝的對象,這是他的母親陳丁妹,和弟弟張阿才(左)、張阿金(右)的紀念照。
右:1933年夏天,張阿祥幫弟弟們拍照。前排左起:張阿坤、張阿才、張阿輝,張阿維站在後頭。

家道中落

1932
苗栗頭份

1932 年，時值日本時代的昭和 7 年，對張阿森一家人來說，這一年的秋天感覺特別淒涼，從原本人人稱羨的富貴人家，淪落到賣田賣地、無以為繼，真是教人情何以堪！這張照片，正是張家經濟狀況跌到谷底時留下的影像，父母親與成群的孩子全赤著雙腳，在破舊的老屋前合影，顯得神情落寞，斑駁的土牆及汙漬的地面，完全看不出以往大戶人家的風光。

從照片中，可以看見典型北部客家農村婦女的裝扮，手中抱著幼女的母親陳丁妹，頭上梳著客家婦女常見的髻鬃，身穿寬鬆的大襟衫、下著大襠褲，雙腳是「天足」，而不像閩南女性那樣「纏足」，這是由於客家婦女不分貧富貴賤，都要負擔家庭生計，多數還要從事戶外田間農事的工作，為便於勞動，因而發展出簡便實用的褲裝，也讓雙腳得以解放。

陳丁妹右邊的小女孩，是從四灣黃家抱來的女兒，當時這些抱來收養的女孩，從小就得分擔工作，像家裡的女傭一般；從她的裝扮可見，小孩的衣著與大人沒有差別，客家人習慣將大人所穿的服裝款式做給女童穿，其目的是希望小孩快快長大，唯一的不同是女性未出嫁前，會把頭髮綁成辮子纏繞在頭頂上，結婚後才梳成髻鬃。

至於客家男性的穿著，與閩南人沒有太大差別，父親張阿森以及張阿祥、張阿坤兄弟，都是穿對襟的唐裝，底下同樣是大襠褲，較小的弟弟們則穿西式的外衣，可見當時在衣著上已是中、西融合。

「身家全部了清清，實在衰過，看到目汁就會流出來（家產全部敗光，實在可憐，看到眼淚就會流出來）！」對張阿祥來說，這是一段不堪回首的慘澹歲月。不久之後，張阿森帶著一家大小，遷移到後山花蓮開闢新天地，只留下張阿祥在頭份。一直到現在，張阿祥仍不願多談這段不光彩的過去，也成為家族裡避談的禁忌；不過張阿祥的兒子張松光，卻是把這張照片視為傳家之寶，他希望張家後代子孫引以為鑑，永遠記得這段歷史。

1932 年，張阿森全家在經濟狀況陷入谷底之際，合影於頭份老家。左後為張阿祥，前排左起為張阿坤、張阿輝、張阿森（父）、張阿才、陳丁妹（母），右 1 為從四灣黃家抱來的女兒。

客家本色

1930 年代
苗栗頭份、花蓮富里

客家人的生活事事崇尚自然，衣著上也不例外。照片裡正襟危坐的中年男子，是張阿祥的岳父李阿喜，身上所穿的素色衫褲及腳上的布鞋，對比相館供客人拍照用的華麗的木雕孔雀椅，更顯露出一種樸實的美感。另一張照片裡的老婦，是張阿祥的堂兄弟張石雲的母親，一襲黑色大襟衫配大襠褲，手腕帶著簡單的手鐲及手鍊，與後方的老屋，形成渾然天成的和諧畫面。

客家人為了便於勞動及農作，在衣著上充分展現方便實用的特性，男性的上衣為對襟衫，女性則是右衽的大襟衫，下半身則無論男女，都是穿綁布腰帶的大襠褲。這種寬鬆的衣著特別適合在丘陵地和山區從事農業勞動，婦女們要上山或下田工作，身體不至於被束縛得很緊，而且樣式剪裁單純大方，不需要為了達到立體合身的效果而多浪費布料；至於顏色也很樸素，大多為藍、灰、黑等深色，而且只有年長的長輩才能穿黑色；另外，大部分衣褲都為同一種布料縫製，少有鑲嵌或繡花，顯得十分自然樸實。

同樣是客家人，南部與北部因為生活形態不同，所穿的大襟衫也有所差異，相較於南部的藍衫長到小腿，北部客家婦女的大襟衫要短得許多；還有藍衫的袖子較長，還可以反折，北部大襟衫的袖子則為七分袖，不過大致來說，南、北客家服飾的基本構造都相同，只是在尺寸長短、寬窄及滾邊方式上有不同的變化。

近幾年在文化創意產業的推動下，客家服飾開始走入流行時尚，這種從農家生活發展出來的簡約服飾，不但穿起來舒服自在，也符合節能減碳的精神，在設計師的巧思下，客家服飾有了新的面貌，卻不失自然樸實的客家本色。

左：1930 年代頭份，張阿祥的岳父李阿喜身穿黑色唐裝，攝於張阿祥的相館。
右：1939 年，張阿祥堂兄弟張石雲的母親身穿黑色大襟衫，攝於花蓮富里家中。

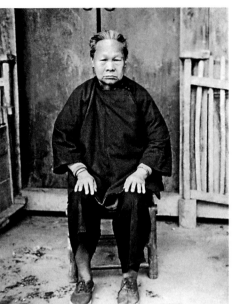

後山歲月

1940、50年代
花蓮富里

後山的客家人，在清代並不算多，西部客家人民後山的高峰期是在日本時代。1899年，賀田金三郎的賀田組在官方鼓勵下，開墾花東縱谷一帶，招募日本農民從事甘蔗、菸葉與茶葉等栽植，因成效不好，總督府一度改為官營移民，1917年後又開放私營，此後除了日本移民，也招募本島農民，這批農民大部分為來自山多田少丘陵地的北部客家人，張阿祥的家族包括堂兄弟和他的父親、弟弟們先後移居花蓮，1939年，張阿祥和友人來到這片「新家園」探望家人，留下許多後山的影像，這張是堂兄弟張石雲一家人在自家園子的照片。

張石雲早在十七、八歲時就舉家遷移後山，之後在現在的富里鄉竹田村落地生根、繁衍後代，並從事甘蔗及菸葉種植；由於當時的後山多半是日人新開闢的日本移民村及產業，比起西部更具有日本風情，從照片中一家人的穿著，可以嗅到濃厚的東洋味。

日本時代，從前山到後山，要經過漫長的旅程。先搭火車北上台北，再從台北轉乘宜蘭線到蘇澳，改搭每月定期發航五、六次的「沿岸東線」船班前往花蓮港，再轉搭台東線火車一路南下，到富里及玉里一帶，建立後山新家園。日本時代花東地區的客家移民，在立足生根之後，紛紛鼓勵親友也來後山發展，因此光復後十數年間，還陸續有客家新移民。台灣工商業發達後，又有許多人變賣後山的家業回到西部或是遷移到都市，變成了失去土地的一群客家人。

至於從日本時代開始的菸葉種植，光復後進入全盛期，幾乎家家戶戶都有菸樓，下圖這張菸樓前的張石雲全家福照片，就是在這個年代拍攝的。後來，菸業沒落了，改種水稻、花生等農作，菸樓失去功能，久而久之，大部分的菸樓不是被改為一般住家使用，就是從此荒廢腐朽，只剩下少數幾棟還屹立在稻田間或聚落裡，見證著菸業那段輝煌的歷史。

上：1940年代，張阿祥探望遷居花蓮的堂兄弟張石雲，為他拍下全家福紀念照，左2是張石雲長子張鑑麟。

下：1950年代，張石雲家族在菸樓前合影，孩子們更多了，昔日穿著日本衫的張石雲，已是西裝畢挺的老闆，他曾擔任東台灣大理石礦業公司董事長。小男孩張鑑麟也蛻變成挺拔的高中生，後來，他念到師大工教系，之後在台北市大安高工任教。

到台北看
博覽會

1935
台北市

1935 年，台灣總督府為紀念在台施政四十週年，於台北市盛大舉辦「始政四十週年台灣博覽會」，在當局強力動員下，歷時 50 天的台博會（10 月 10 日至 11 月 28 日）總共有 280 萬參觀人次，幾乎當時三分之一的台灣人都去看過；開幕當天，張阿祥與舅舅陳來春也相約同遊台北，參與了這場台灣有史以來最大的盛會。

照片拍攝的地點是台北市新公園，即台博會的第二會場（第一會場在今中山堂），只見張阿祥身穿全套西裝、頭戴軟呢帽，手插褲袋，帥氣地站在水池畔，後方的洗石子橋相當醒目；舅舅陳來春雖然本身是中醫師，穿著卻相當西化，在西裝外還穿著大衣，一手提著小包裹，一手拿著一疊紙，後方是鯉魚噴泉以及新公園地標——歐陸古典建築風格的總督府博物館（今台灣博物館）的背面門廊和山牆。

新公園即現在的二二八和平公園，起建於 1899 年，因為圓山公園早在 1897 年建成，此處遂稱「新公園」，又稱「台北公園」。經過歷年建設，設施逐漸完善，比如 1909 年台北市開始供應自來水，便有了鯉魚噴水池；1915 年博物館落成，其他還有音樂台、運動場、遊樂設施、角力場、兒童運動器材、洋食店等，園內四時花木綻放，富林泉之美，是台北市熱門的觀光景點，也是各種活動舉辦的最佳地點。

當年的台博會可說是盛況空前，官方及民間的動員、各種媒體的強力宣傳，以及從各地湧進參觀的人潮，絕對不輸給現在的「花博會」，期間不但台北市的旅館一位難求，台北車站還曾創下高達 92,876 人次的日流量紀錄，僅次於東京車站。

不知是否因為時間太早，或是剛開幕的緣故，照片中的新公園不見半個人影，更奇妙的是，張阿祥已經完全記不得這件事，直到發現相簿中模糊的筆跡寫著「昭和十年十月十日……共遊博覽會」，才揭開相片裡的故事。

左：1935 年 10 月 10 日台灣博覽會開幕當天，張阿祥和舅舅一起前往參觀，於新公園拍照留念。
右：新公園鯉魚池前的張阿祥舅舅陳來春。

花樣年華

1930 年代
苗栗頭份、南庄

三張照片，呈現了 1930 年代流行的時尚風，也看見客家婦女隨著時代改變，衣著有了多樣的變化。

上圖拍攝於頭份中港溪畔，一群年輕女孩坐在卵石上，最左邊的是張阿祥的新婚妻子李香妹，「該時正結婚沒幾日，偃餔娘个好朋友來頭份看佢（我老婆的好朋友來頭份看她）。」張阿祥看著照片中年輕時的李香妹，眼神中流露出對太太的思念。這群姊妹淘裡面，除了張阿祥的表姊穿著西式上衣及長裙，大家都還是穿傳統的七分袖大襟衫及大襠褲，相較於和服及洋裝，大襟衫比較便宜，也便於工作，不過在顏色及花樣上已有了許多變化，立領及布扣上也有別致的設計，與傳統單調的樣式大不相同。髮型也有改變，傳統的髻鬟只見於年紀較大的婦女，年輕女性流行將頭髮分線，側分、中分都有，化妝品日漸普遍，手上也戴起手錶。

左下照片拍攝於張阿祥的相館「美影寫場」，這位身穿一襲和服的小姐，是頭份著名的名花（美女）蕭蘭，當時張阿祥在她家隔壁租房子開設相館，因而留下她動人的倩影。由於當時的和服相當昂貴，而且不太適合台灣溼熱的氣候，只有富家千金才穿得起。這位名花後來去了大陸，從此失去音訊。

右下照片拍攝於南庄大南埔，李香妹的妹妹李三妹（左）嫁給了大南埔的張家，和張家另一位媳婦（張鼎勳妻子）合影。兩位皆身穿裁剪合宜的洋服，展現出曲線，手上提著充滿設計感的皮包，臉上用眉筆畫過的柳葉眉，可說是走在時尚尖端的裝扮。當時坊間有不少介紹日本及西方最新流行趨勢的雜誌，也讓台灣女性跟上時代流行的腳步。

進入戰爭體制後，日本殖民政府開始推行皇民化運動，在「服飾改善運動」政策推動下，原本開放的衣著開始受到限制，政府要求改穿和服及國民服，花樣年華從此失去了光彩。

上：1936 年，張阿祥妻子李香妹（左1）與姊妹淘合影於頭份中港溪畔，右2穿洋裝的是張阿祥表姊。
左下：1930 年代頭份「名花」蕭蘭，穿著日式和服的紀念照。
右下：1930 年代時尚女性的裝扮，左為李香妹的妹妹李三妹，右為張鼎勳之妻（姓名不詳）。

四子平安

1935
苗栗頭份

1935 年 4 月 21 日清晨 6 點 2 分 16.8 秒，台灣中部一場空前的大地震，猛烈襲擊新竹州、台中州，隨後三個月內餘震不斷，造成高達 15,255 人傷亡，61,685 棟房屋毀損。

就在大家忙於災後重建家園的時刻，家住頭份河背（中港溪對岸稱為河背）的徐恩連夫婦（右 2、1），在大地震後產下四胞胎，成為轟動全國的大新聞，「這是全世界第一次生四胞胎，連台北衛生課的人都跑來看！」張阿祥回憶起當時的情景，仍然相當興奮，雖然地震讓家園毀於一旦，但是在簡陋的竹屋中，四個孩子平安誕生，帶給當時的人心相當大的鼓舞。

當時婦女生產多半由家中有經驗的女性長輩幫忙接生，除非遇到緊急狀況，才會請產婆（前排左 1 或 2）來處理，在沒有剖腹產的情況下，能夠自然產下四胞胎，產婆豐富的接生技術和經驗的確令人敬佩。

四胞胎出生後，擔任公醫的陳炎芳（後排右 1）也前來為產婦和嬰兒做檢查，陳炎芳（1897-1957）自台北醫學專門學校畢業後，曾任台北赤十字病院（紅十字醫院）主治醫師十餘年，之後返鄉在頭份街上開設「育德醫院」，大地震發生後，因為傷患眾多，病床不足，陳炎芳主動在當時的頭份公學校操場設置臨時醫療站，收容傷患，救人無數，至今仍為鄉人感念。

四胞胎誕生的消息也引起殖民政府的重視，兩位台灣總督府警務局衛生課的日本官員（後排左 1、2），專程從台北趕來這個小山村，探望四個地震後出生的小寶貝。日本時代的地方衛生行政事務歸警察處理，通報系統相當完整，也為台灣現代化的衛生防疫體系建立基礎。

1935 年大地震後誕生的頭份徐家四胞胎，前排是四胞胎的父母和產婆抱著新生兒，後排右起為頭份公醫陳炎芳和兩位總督府衛生課官員。

改正前夕

1935
苗栗頭份

地震帶來慘重的傷亡和損害，卻也帶來改變的新契機。

1935 年的大地震，在新竹州、台中州造成重大災情，相較於其他重災區，頭份街的災情算是輕微，但日本人基於防震及殖民的考量，決定進行市區改正，也就是重新做都市計畫，使得頭份的市街面貌有了明顯改變；才剛開業不久的張阿祥，趁著市區改正前，拍下了頭份早期的市街景象，成為地方珍貴的歷史紀錄。

照片中的街道是當時頭份最熱鬧的一條街，由竹南通往南庄的輕便鐵道穿過市街，是當時主要的交通工具，馬路上的軌道清晰可見；左排充滿巴洛克風格的洋樓中，依稀可見「美影寫真館」的招牌，在那攝影尚未普及的年代，能夠在街上開相館，可是件不容易的事，張阿祥回憶當時街上住的都是有錢人，像是張阿祥的外公陳石，就擁有一整排的房子。陳石是頭份早期相當有名的中醫師，他在街上開設的「捷昌藥鋪」生意非常好，門前掛著一副對聯：「捷便仙方攜回飲後精神爽；昌期樹德採取湯頭力氣良」，可見其看診用藥信心十足，活人無數。

這些具有歐式風格的洋樓街屋，多半建於明治後期、大正初年（1910年代），當時台灣各地包括頭份陸續進行市區改正，將道路拓寬、改直，周邊房屋重建，產生許多一批批同一時期建造的街屋，大部分為日本人設計規劃，由台灣匠師監工建築。建築形式為巴洛克式立面的磚瓦造二層樓街屋，以紅磚半圓拱砌築立面，一樓的單拱、多拱騎樓搭配二樓拱窗，山牆上有漢字姓氏或行號的裝飾圖案，形成了台灣特有的西洋歷史式樣揉合台灣色彩的混合式風格。

這類街屋因為多半在大正年間建造，習稱「大正式牌樓街屋」，有些保存至今，比如大溪老街，頭份的街屋則因地震而改建，雖然市區改正帶來了新的面貌，但也讓這些美麗的街屋走進歷史。

上：1935 年震災後市區改正前的頭份街景，當時的街屋還是具有巴洛克風格的洋樓形式，左排第一個直立招牌為「美影寫真館」。

下：張阿祥外公陳石與家人合影自家屋前，後方的老街正在拆除。

昭和拾年震災後苗栗市改正前攝影紀念

本頁圖片取自《照見歷史：頭份老照片集》

昭和拾年震災後市區改正前攝影紀念

新街个誕生

這是 1935 年震災後誕生的新市街，也是頭份走入現代化的開始。

在日本強大官僚系統的運作下，地震後的重建工作進行得相當迅速，在國庫與州經費的補助下，新竹、台中兩州震災區共實施 18 處市區重建，形成今日許多市鎮的主要面貌，其中市區改正後的頭份市街，共開闢陸軍路、新街、老街等三條南北向、寬 11 公尺的主要道路，即現在的中華路、中正路、中山路；新街的兩端設了兩個公園，北端為「上公園」，南端為「下公園」，因形狀呈三角形，又稱「三角公園」。

照片中是市區改正後的新街，只見許多行人及腳踏車悠閒地走在寬敞的雙線馬路上，平坦的柏油路面、整齊的電線桿，以及道路兩側的排水溝等完善的基礎建設，儼然具有現代化市鎮的雛形。路口轉角處的新式洋樓是一間賣和洋雜貨的「穩好福記」商行，隔壁兩間掛著直立招牌的，就是張阿祥的相館「美影寫場」。

由於進行重建時規定，嚴禁使用不耐震的傳統建材土埆磚，新街屋大都採用鋼筋混凝土，搭配質輕耐震的木材，以及具防蟻與防火特性的磚材。建築風格方面，則引進具有「現代主義」元素的簡約線條與幾何圖案，取代原本繁複華麗的裝飾。

市區改正帶來現代化的市街，日本官方也開始對民眾施予現代化的公民教育，在路口搭建了高聳的的宣傳牌樓，上面寫著「國策協力防止不公平交易」，兩旁的標語為「以公定價格建設光明日本，以正當交易建設明亮社會」。透過震災後的市區重建，國家控制的力量更為穩固，也為兩年後的皇民化運動立下基礎。

上：1930 年代後期，頭份市區改正後的新風貌，寬敞筆直的新街，平坦的柏油路面，整個市容煥然一新。路口右後方直立招牌為張阿祥的相館「美影寫場」。

下：市區改正後，新建的街屋開始出現具有「現代主義」風格的幾何圖案，這是黎廷輝開設的廷輝寫真館。

本圖取自《照見歷史：頭份老照片照片集》

發著所

1940 年代
苗栗頭份

早晨的微光透在檜木的玻璃門上，也映照在徐林雲山家族三代人的臉上，在這美好的一天，大家慎重其事地在門前拍照，只有小小的孩子不聽使喚，不但在媽媽的腳下撒了一泡尿，還要搶弟弟手上的球；如今這群孩子已經當阿公阿婆，而照相的地點也消失在頭份的地景上，這裡是昔日輕便車（台車，日文又稱軌道）上下車的「發著所」。

「頭擺愛坐台車，就係在這打單（以前要坐台車，就是在這裡買票）！」張阿祥解釋，發著（Hatchiak）在日語為出發與到達，「發著所」即衍生為車站的意思。從中港經頭份到斗煥坪的台車，在 1909 年就興建了，後續又築有斗煥坪到南庄路段。1918 年，頭份望族黃維生、林清文等人為了交通、產業之開發而合組「展南拓殖株式會社」，經營整個路線的輕便鐵路，除載運煤炭、甘蔗、米和一般貨物外，也兼營客運業務，頭份設有兩處車站，一處就是照片中位在今頭份國小附近的「上發著所」，一處是在現今頭份農會對面的「下發著所」。

徐林雲山是張阿祥的舅舅，四個舅舅裡，有兩個姓陳，兩個姓徐，而這個舅舅還是徐林雙姓，到底原因為何，張阿祥也說不清楚，在傳統漢人父系社會中，所謂「不孝有三，無後為大」，傳宗接代茲事體大，因此各種送養或過繼的情形相當普遍，一家人有好幾個姓氏也不足為奇。不過這個舅舅與張阿祥還多了一點淵源，因為徐林雲山的媳婦阿有嫂，正是張阿祥夫婦的媒人，也使得彼此的關係更加密切。

1940 年代頭份街輕便車站前，張阿祥舅舅徐林雲山家族合照。中間坐者為徐林雲山夫婦，右邊為長子徐林福，左 2 為徐林有之妻，也就是張阿祥夫婦的媒人。

雙仙會

在張阿祥的相簿中,這是一張經典代表作。

兩位頭份著名的漢學家,一位是人稱「林榮仙」的林春榮(1876-1944),手持扇子,仙風道骨,悠然自在;另一位是人稱「富金仙」的林富金,一手拿拐杖,一手抽煙斗,兩撇八字鬍令人印象深刻;中間的小茶几擺著陳舊的藥書及花瓶,傳統中國文人的形象在此忠實呈現;不過還有相片裡看不見的,那就是鴉片煙。

雖然日本時代末期推行皇民化運動,禁止公學校教授漢文及廢止報紙漢文版,但是這些出身漢學背景的文人,絲毫不受影響,依舊過著傳統文人的生活,尤其像林春榮不僅詩文俱佳,還鑽研岐黃之術,曾於老街「大安堂藥鋪」為人診病,專治疑難雜症,成為頭份街上的名漢醫,備受地方敬重。

1943年,張阿祥從望鄉山回來以後,由於日本戰局每況愈下,民生物資缺乏,相館生意難以維持。此時,林春榮提議張阿祥將相館搬到他家,並免費支助相館所需物資,條件是帶著他的兒子林占梅一起做,當時林占梅因為家境富裕,養成花花公子習性,林春榮希望張阿祥能夠幫他導入正途。張阿祥幾經考慮後,接受林春榮的支助,全家搬進位於老街的房子,並在樓上開設相館,即現在頭份「林照相館」的前身。如今,「林照相館」已經傳承三代,張阿祥當時為林春榮家族拍的合照依舊高掛在相館牆上,成為鎮店之寶。

儘管張阿祥在林照相館只有一年多的時間,即因空襲頻繁而舉家疏散到珊珠湖,但數十載歲月悠悠過去,每當張阿祥看到這些相片,總會想起兩位老人家吸著鴉片煙的模樣,以及林春榮當年的恩情。

上:1944年,頭份著名漢學家「林榮仙」與「富金仙」雙仙合影。

下:林春榮家族合影。家長林春榮坐在中排中間,左邊是妻子林邱寶妹,兩人旁邊分別是女兒林淑儀、女婿蔡拱男(第1屆竹南中學校長)抱著次子蔡豐生。後排左起為女兒林麗珠、兒子林占梅、媳婦鄭新妹。前排左2、3為林占梅長子林鈙淳、次子林宏正。

告別式

1941-42
苗栗頭份

和尚的念經聲飄散在空中，隱約傳來家屬的低泣，張阿祥的照片，讓我們看見了 70 年前的告別式現場，不過對他來說，在現場拍照卻充滿壓力，因為場內全都是頭份街上有頭有臉的大人物，「俚一儕人 1 愛顧兩台機器，緊張到手會顫！」原來在日本時代，一般人是不能隨便進入告別式會場的，只有地方政要或仕紳才有資格參加。

這兩張照片的喪家，都是頭份望族，一位是尖山地區的名人王雲榮（1888-1941），經營菸酒雜貨生意的他，也積極參與公共事務，他的兒子王天賜，是最早的頭份農會理事長，光復後曾任台灣第一屆省議員，之後出任南庄礦業虎山煤礦場場長。另一位是頭份的秀才張鼎華（1867-1942），除了設私塾教授漢書外，還曾經發行「施療券」，為貧民免費醫療，備受鄉人敬重。

從照片中可看出兩場告別式不同的風格，生意人出身的王雲榮，式場布置比較華麗，一對日式燈籠，旁邊擺滿了來自各方政要的花圈及奠儀；讀書人出身的張鼎華，祭場則顯得簡單許多，不過相同的是，告別式成為喪家展現地方人脈的場域。

日本時代的喪禮，多少受到日本文化的影響而有所改變，例如日本人習慣稱出殯為告別式、喪家門外張貼白紙書寫「忌中」二字、機關團體常以花圈弔祭死者、親友致贈喪家奠儀、喪家以毛巾做為答禮，及為了衛生考量人死後必須在 24 小時之內入殮並採火葬……等等，皆與台灣傳統喪葬習俗不同。台灣光復後，日式的喪葬禮俗也跟著消退，但告別式、忌中、大花圈、毛巾答禮等用語或習俗則被台灣人保留，並沿用至今。

1. 儕：人，一人稱一儕、兩人稱兩儕；俚一儕人，就是「我自己一個人」的意思。

上：1941 年 4 月 22 日，頭份的尖山望族王雲榮告別式，各界弔祭的花圈奠儀擺滿了會場。
下：1942 年，頭份秀才張鼎華告別式現場。左排最前坐者為頭份街長西田吉之助。

故王榮氏告別式々場々紀念
昭和十六年四月二十二日

湯本貴藏

1940 年代
苗栗頭份

這是頭份街上一戶賣牛犁和農具的店家，主人湯貴向日本殖民政府提出的改姓名申請，終於獲准，他在店門口的名牌上，寫著新的日本名字──湯本貴藏。

為慶祝日本皇紀 2600 年，1940 年 2 月 11 日紀元節，台灣總督府公布「台籍民改換日姓名促進綱要」，正式實施「改姓名」運動。更改姓名要由戶長提出，而且有資格限制，一般來說必須是國語家庭（常用日語的家庭），並具備「皇國民」素養與「奉公」精神。改姓名運動並非強迫性質，剛開始台灣人並不踴躍，直到戰爭末期的 1944 年 1 月起，為了因應即將實施的徵兵制度，總督府大幅放寬條件，改姓名的案數才開始大量增加。

在挑選日本姓名上有四種禁忌：1. 歷代天皇姓名，2. 歷史上著名人物姓名，3. 和原姓有關的中國姓名，4. 其他不當姓名，此外並無太多限制，因此有相當多新的選擇，多數仍和原姓的字型或字義相關，例如張改成長田或長本，陳改成東、松田、田川，林改成長林、小林、大林、林田……，而這位身材壯碩的生意人湯貴，原姓名各加一個字，就成了具有濃濃日本風味的「湯本貴藏」。

對於當時的台灣青年而言，改日本姓就如同爭取「國語家庭」的認定一樣，在小孩就學、物資配給、取得營業執照等各方面，都可獲得具體的利益，更是社會階級向上爬升的一條捷徑，所以，當年以「前衛派」自居的台籍青壯年人士，紛紛改換日本姓氏。事實上，仕紳階層若要繼續維持其社會優勢，也非得「有所表示」不可。

照片中湯貴的兒子湯德謙，自小就展露音樂天賦，樂曲耳聞即詳，樂器更是過手就能彈奏，18 歲開始拜名師林樹興鑽研音樂理論與鋼琴彈奏，每天勤練十個小時，未曾間斷，後來獲得全國高級音樂科檢定考試及格，專任頭份國小音樂科主任、兼任大成中學音樂老師；教學之餘，還出版許多音樂欣賞及理論專書，對於台灣音樂教育有相當大的貢獻。

1940 年代頭份街，從漢名湯貴改為日本姓名的湯本貴藏（前排左 1）全家合影，他的兒子湯德謙（後排右 1）是頭份著名的音樂教育家。

婚紗禮服

1940 年代
苗栗頭份

對於許多女孩來說，出嫁時最大的夢想就是能夠穿上白色婚紗，成為最美麗的新娘，不過在早期農村，穿白紗並不是件容易的事，留下的影像也很少，張阿祥為新人拍的結婚照，讓我們看見日本時代末期的婚紗禮服。

日本明治維新之後講求現代化、西化，從歐美引進的西式「洋服」，也隨著殖民統治進入台灣，逐漸改變台灣人的穿著，當然，最初只有仕紳階級才有能力負擔這筆治裝費。大約在 1930 年代之後，一般人家的婚禮中，新人的禮服已逐漸摒除舊式鳳冠霞帔、長袍馬褂的形式，改以白紗、西服為主。

從這張 1940 年代的照片可見，新娘頭紗是造型的一大重點，頭花是珍珠搭配羽毛及玫瑰花的裝飾，半透明頭紗垂墜而下，與禮服等長，具有一種當時特有的古典美。禮服是及地長洋裝，手工繡花搭配蝴蝶圖案，網狀手套搭配玫瑰捧花，讓新娘顯得格外清新高雅。新郎的禮服則是當時流行的國民服，同樣搭配白手套，特別的是他的第二顆鈕扣綁了一條結鈕的繩子，但看不清楚上面綁什麼東西。

相較於頭份街上的新人在寫真館拍攝的室內婚紗照，另外這張農村人家的婚紗禮服比較簡單，雖然新娘禮服沒那麼講究，也沒有白手套及捧花，但頭紗依然相當有造型，可見是當時婚紗的一大特色。頭紗在光復後很長一段時間，也一直是新娘服的重點，隨著台灣經濟的發展，婚紗攝影早已是普遍的結婚儀式之一，花樣也千變萬化，不過回頭看看早期的婚紗照，仍不免讓人驚豔於那個年代的生活美學。

左：1940 年代頭份街上的一對新人，新郎穿國民服，新娘穿白紗手捧花。
右：農村人家的婚紗照較為簡樸，但新娘的曳地頭紗，仍相當有看頭。

喜樂酒家

1940 年代
苗栗頭份

「來，乾杯！」喜樂酒店裡人聲鼎沸，大家盡興吃飯喝酒，酒酣耳熱之際，臨時起意請張阿祥來拍照，留下這張輕鬆歡樂的照片。當時能夠上酒家吃飯的，多半是有錢人家的子弟，席間還有陪酒的女侍，為這群公子哥們斟酒。從照片中可見，雖然坐的是日式榻榻米地板，用的卻是台灣傳統的圓桌；喝的是日本清酒，吃的卻是道地台灣菜，這就是台灣特有的台式 sakaba（酒家）。

日本時代的主要外食場所為料理屋和飲食店，咖啡店則是在大正年間（1912-1926）逐漸興盛，均屬於「特種營業」，開業須經警察及衛生單位檢查合格，並按時接受環境衛生與從業人員健康的檢查。這幾種營業場所的消費型態和客層，分得很清楚，料理屋包括供應本地菜色的酒樓、日式旗亭，及供應西洋料理的料理店，是可以提供宴會酒席的消費場所，通常有藝妓（藝旦）表演、吟詩，顧客群為富有的政商仕紳階層，這種料理屋多集中在台北、台南兩地。

相較於料理屋，飲食店設備簡單、費用較低，但也有陪酒的女性，稱為「酌婦」，這種飲食店在各主要城市都頗為蓬勃，數量大約是料理屋的兩倍，照片中的喜樂酒店，應是屬於這種類型。不論是料理屋或飲食店，外食市場在 1905 到 1930 年間，特別是 1920 年代，成長快速。

到了戰爭後期，物資缺乏，政府又有禁奢令，這類場所紛紛關門或轉型，像這樣酒菜豐盛、酒客女侍盡情吃喝的畫面，就少見了。

1940 年代頭份，一群好友在喜樂酒店歡聚，右 1 曾衡、右 2 陳阿洋，左 1 曾祖英，左 3 張阿雙，後頭站起來作勢在陳阿洋頭頂擺放雕飾的是鍾敬垣，中間為陪酒女侍。

修了紀念

1944
苗栗三灣

時序來到春天，風光明媚的三月，也是學校畢業典禮的季節（日本的學年度與台灣不同，每年四月開學，隔年三月學期結束）。張阿祥帶著沉重的攝影裝備，來到了這個名叫「大河底[1]」的美麗山村，為「大河國民學校」製作畢業紀念冊。

大河國校在 1929 年成立時隸屬三灣公學校的分校，1932 年獨立為大河底公學校，1941 年改制為國民學校[2]，因此 1944 年這張照片上的學生，雖然是從公學校時期開始念，卻成了國民學校的第三屆畢業生。照片中總共有 31 位男生、20 位女生，男生全都理光頭或平頭，身穿卡其上衣及短褲，女生則是清湯掛麵，衣服樣式較多，不過無論男女全都赤腳上學。

前排坐在交椅上的八位教職員，男性都穿著「決戰服」、打綁腿，左邊數來第四位戴眼鏡、手持文官帽且穿著軍靴的，是日籍校長古明地正，右邊是台籍教師兼副校長張居明，英挺的外貌，頗有大將之風，果然他在光復後 1946 年接任校長，之後兩度參選並當選三灣鄉鄉長，成為地方上重要的政治人物。

「當時交通當不方便，偓也不記得係仰般去个，只記得天時當好，拍起來效果盡好！[3]」回憶起當時拍攝的情景，張阿祥滿意地看著照片說，只是，這些十來歲的學生，也就是「相片肚[4]个人，都變老阿公、老阿婆囉！」

1. 大河底位在中港溪支流南港溪之上源北岸橫谷內，海拔約 80 至 100 公尺，聚落緊鄰南港溪曲流弧的凸岸，從背後高處的大坪塘往下望，聚落在下方溪谷中，因此得名。
2. 日本時代初等教育一般分為小學校、公學校、番童教育所與番人公學校三種，原則上小學校是日本人就讀，公學校是漢族系台灣人、番童教育所與番人公學校則是原住民。1922 年新台灣教育令發布後，雖准許台灣子弟就讀小學校，但仍設有必須「解（熟悉）日語」的門檻限制。1941 年為配合日本國內學制改變，小、公學校一律改稱「國民學校」，但課程內容仍舊有差別。
3. 偓：我；仰般：怎麼樣；个：的；整句是：我也不記得怎麼去的。當、盡：非常之意。
4. 肚：裡面，比如房間，稱「間肚」，屋內稱「屋肚」；相片肚，就是照片中、照片裡面。

1944 年三灣，大河國校第三屆畢業生紀念照，前排左 4 為日籍校長古明地正，左 5 為副校長張居明。

大河國民學校第三回修了記念
昭和十九年三月

晨間朝會

1944
苗栗三灣

又是嶄新的一天，每天早上朝會，校長總要站在升旗台上訓話，老師站在每個班級的隊伍前，學生全都立正站好聽訓。這樣的畫面，對於上過學的人來說並不陌生，只不過全校學生都打赤腳上學，在春寒料峭的三月天，踩著冰冷的碎石路來到學校，真是一段漫長而艱辛的路程，但是，有機會可以上學，對日本時代窮困農村的孩子來說，無論如何都要好好珍惜啊！

張阿祥拍下這張照片的前一年，也就是 1943 年，台灣正式實施 6 年義務教育，在此之前，許多農家小孩因為貧窮、農村需要大量勞動人力等因素，是沒有辦法上學的，直到 1930 年代之後，特別是戰爭時期皇民化、同化政策下，官方強力推展日語普及運動，情況才有所轉變。1939 年，學齡兒童就學率突破 50%，拍照這一年已達 71%，遠高於當時世界的平均水平。

當年，張阿祥接下「大河國民學校」畢業冊的製作工作，除了拍畢業紀念照，也細心拍下校園場景和日常作息，這張朝會照片可以清楚看到教室及操場的全貌，左邊的雙層日本瓦屋頂建築，是行政中心，右邊的紅瓦屋頂建築則是教室，最左邊那間教室的外牆，張貼了許多海報，應該是戰爭時期學校常見的各類政策宣導圖像。

光復後，大河國民學校校名未改，1968 年實施九年義務教育時改稱大河國小。現今，日式校舍早已拆除重建，只留教室前的幾棵柏樹，歷經數十寒暑依然屹立，陪伴著一代又一代在此學習的孩子們。近年來，隨著人口老化及外移，學生人數一年比一年少，2011 年僅剩下 21 名學生，成為苗栗縣內最迷你的小學，由於幾度面臨廢校，師生家長均感憂心，但危機也是轉機，現任校長黃源成將藝術彩繪帶入校園，希望為這個美麗的學校開啟新的出路。

1944 年三灣，大河國校朝會情景，學生們個個赤腳，校舍前的柏樹至今仍在。

共下來種菜

1944
苗栗三灣

日本時代的小學老師,不僅要傳道、授業、解惑,還要懂得如何種菜,這張照片是大河國校副校長張居明,帶著學生們在校園坡地開闢了一畦畦菜園,畢業前夕,大家合影留念,為六年的校園生活留下紀錄。只見張居明脫下教員制服,蹲在第二排前頭,男學生幾乎人手一支鋤頭,碩大的高麗菜整齊地排列著,仔細看,菜葉都有蟲蛀的痕跡。

且讓我們看看日本時代的小學生在學校上了些什麼課,根據 1943 年實施義務教育的規定,兒童就學年齡為滿 6 歲至 14 歲,課程有國民科(修身、日語、日本歷史、地理)、實業科(農業、工業、商業、水產)、理數科(算術、理科)、體鍊科(武道、體操)、藝能科(音樂、習字、圖畫、勞作及女生加授家事、裁縫)等。

以現在的角度看,當時的小學生學習範圍真廣,尤其是實業科,已經把技職教育放進去,不過我們必須回到當時的社會狀況,台灣人雖然享有初等義務教育,但是想再進入中等教育卻是難上加難,大部分的人讀完小學後,就無法繼續升學,因此在小學六年期間,必須把所有未來需要用到的基本知識及技術學會,也難怪年長一輩的老人家,雖然只有小學畢業,卻個個「能文能武」。

根據課程規定,男生在三年級之後就排有農業課以及菜園實習,一方面學習農業知識,一方面也可補充戰時短缺的物資,戰爭末期,許多學校甚至連操場也開墾成菜園;一直到光復初期,台灣的校園仍處處可見老師及學生共同開闢的菜園。後來,隨著台灣經濟起飛,菜園才漸漸被花園取代,學校教育也不再重視農業知識。不過時代在轉變,現在又興起一股學校農園的風潮,許多學校的校園再次出現菜園,或是與社區結合,將有機農耕及農村生活體驗放入課程,讓孩子從農作當中學習謙卑,以及與自然共生之道。

1944 年,三灣庄大河國校山坡上的高麗菜園,這可是副校長張居明(第 2 排前頭)帶著學生們辛勤耕種的成果。

揹柴讀書个細阿哥仔

1944
苗栗三灣

每個時代的校園,都會出現不同的塑像,代表著教育當局亟欲灌輸給學生的價值觀,相對於光復後普遍出現的偉人或聖賢銅像,日本時代的校園,佇立的卻是一個揹著柴薪的小孩,手上拿著書邊走邊讀,他就是日本江戶後期著名的農政家二宮尊德。

二宮尊德幼名金次郎,幼年家道中落,少年時父母先後病亡,孝順的他,擔起家計,照顧幼弟,「雞鳴而起,登山採木,夜製草鞋採薪往返途中,亦朗誦大學」。後來,他在許多農村從事改革,造福農民,推行報德、勤儉、誠信之教化,因而成為日本道德教育的重要教材。

為了紀念二宮尊德為老百姓的付出,並彰顯他勤奮好學的精神,日本在全國各地的小學和圖書館前,設置他少年時代負薪讀書的等身大塑像,成了「好學兒童」的模範。1930年代起,隨著皇民化教育的推展,台灣校園及各地公園(如頭份下公園)也紛紛樹立他的塑像1,校園裡難得的師生紀念照,總少不了與塑像合影的鏡頭,這張照片是在大河國校拍攝,在物資缺乏、生活不易的小山村,二宮尊德的故事,頗能激勵學生的向學精神。

光復後,二宮尊德像被拆除,換成了國父和蔣公銅像,他揹柴邊走邊讀的身影,只能在泛黃的老照片或是畢業紀念寫真帖裡頭尋找了。

1. 日本時代後期小學校園較常見的塑像,除了二宮尊德(代表孝順與好學),還有日本南北朝時代的英雄——大楠公(代表忠君)。

1944年三灣,大河國校師生在二宮尊德少年時期負薪讀書的塑像前合影留念。

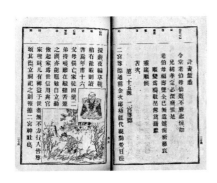

1910、20 年代公學校《漢文讀本》裡的二宮尊德課文。（莊永明提供）

日本先生
个花園

1930 年代
苗栗頭份

5 月 5 日，頭份斗換坪公學校的日本先生（老師的敬稱）和妻子特別穿上和服，全家人一同在宿舍前的花圃合照，這天是什麼特別的日子呢？原來是日本端午節，承襲自中國的日本端午節，原本和台灣人傳統過端午一樣，是在農曆 5 月 5 日，明治維新之後，力求西化、現代化，便和日本新年一樣，都改成在西曆過節。除了吃應景甜品柏餅、日式粽之外，這天也是屬於男孩的兒童節（男童節，女兒節在 3 月 3 日），家戶都會在屋外掛鯉魚旗，室內則擺設武士人偶，是武士時代流傳下來的尚武精神之象徵。

雖然人在異鄉，這戶日本家庭還是依照家鄉的習俗，為兩位男孩打扮一番，還特別請張阿祥來拍照。照片中的花圃是這位老師親手整理出來的，背後的竹寮，也是他一手打造，除了花圃外，他還開風氣之先，帶著學生一起開闢農園，教導孩子學習種菜，實際體驗植物的成長與大自然的奧祕。

1941 年，學校改名若草國民學校，光復後再改為斗煥國民學校，這個農園依然存在，也成為學校的一大特色，張阿祥兒子張松光在這裡念書時，對這個學生農園記憶深刻，「從四年級開始就有勞動服務課，我還記得拿著竹罐子去裝尿水澆肥，這是很好的生活教育。」雖然後來隨著學校校舍擴建，日籍老師留下的花圃及農園已經不在，學校也於 1968 年改名斗煥國小，但是這家人幸福的田園生活影像，不禁讓人懷念起那個生活簡單又樸實的年代。

1930 年代，斗換坪公學校的日籍教師為了慶祝 5 月 5 日端午節暨男童節，和妻小在宿舍花圃前合影。

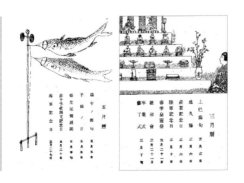

1939年教材上的一年行事曆，5月曆的插圖是子供（兒童）日的鯉魚旗，3月曆則以上巳節（女兒節）的人形娃娃為插圖。（央圖台灣分館提供）

高女學生

1944
苗栗頭份

一個春末的午後，張阿祥帶著自己和鄰居的孩子，一同到中港溪畔遊玩，上中學的女生們，穿著顯眼的新竹高女制服，水兵服搭配黑藍色百褶裙，腳上穿黑色皮鞋，那是一種無上光榮的象徵，因為在那個年代，台灣人想要上中學何其困難，更何況是女生可以念高女，除了功課要名列前茅，家裡還要有好的經濟環境，對一般人來說，是多麼遙不可及的夢想！

當時一起出遊的張松光和張盛光（上圖前右 1、右 2），跟著父親張阿祥搬到友人林占梅的家中（現今的林照相館），林占梅的大兒子林�淳以及住隔壁的徐煥祥（上圖前右 4、右 3），成了他們兄弟倆最好的玩伴。附近鄰居有不少大戶人家的千金，像是最早在頭份開設「錫齡醫院」的名醫鄧秀振的女兒（上圖左 2，右下圖右 2），和春餅店張光熙的孫女、運輸業者張阿雙的妹妹（上圖左 3，右下圖右 1），都是地方上的名人之後，她們自信的眼神，充滿了對未來的憧憬與夢想。

新竹高女創校於 1924 年，是 1922 年台灣教育令頒布後新設的三年制女子高等普通學校，日本時代的中學採男女分校，不能共學，因此男學生進的是「中學校」，女學生進「高等女學校」。光復後仍延續此模式，直到近 20 年才打破這個傳統。

早期高女的學生制服多半是中西合併，之後改為日式的西化制服，以水兵領的上衣為代表款式，並規定每個人頭髮的長短為耳下 2 公分，裙子的長度則是腳上 25 公分的高度，所以每個人都露出整齊畫一的一截小腿，成為老一輩新竹高女校友的共同記憶。

上：1944 年頭份，張阿祥的小孩與鄰家玩伴、念新竹高女的大姊姊們，跟著爸爸到中港溪畔遊玩。
左下：一位新竹高女學生穿著制服到相館寫真留念，書桌、書本，一應俱全。
右下：那個年代，得要生在好人家，才有機會念到高女，穿上象徵榮耀的制服。

後生阿哥

1930 年代
苗栗頭份

農曆新年，一群頭份的年輕人，平時各忙各的，很難有機會見面，好不容易利用春節聚在一起，在頭份街上留下這張合照。雖然過年，大家還是多照規定穿「決戰服」，「當時出門一定愛包腳、著腳絞仔，這就安到決勝 kada！」這群帥氣的後生人（年輕人）都是張阿祥年輕時的同伴，大多是有錢人家子弟，比如最左邊的黎廷義衣著相當講究，西裝背心還掛著錶鏈，至於照片中黎廷火載著孩子的那輛自行車，更是身分地位的象徵。

「這台車子安到富士霸王，係第一級个車子！」張阿祥說，那個年代自行車要繳牌照稅，有錢人才買得起，尤其是「富士霸王」，一般的自行車一輛30多元，「富士霸王」卻要80多元，通常只有巡查大人（警察）、政府官吏、大地主、醫師與接生婆才能擁有，就好比現在的賓士轎車一般，是當時很有派頭的交通工具。

「富士霸王」是由「日米商店株式會社」製造，車身有富士山標誌的牌子，最大特色是有兩套煞車系統，把手末端有個小倒勾是前煞車系統，另外還有倒踩煞車，也就是腳踏板往前踩是前進，往後踩即可煞車；車燈的設計採用腳踩發電，座墊則是真牛皮製造，騎在路上，真的像街頭霸王一樣威風八面。

家道中落之後，張阿祥為了養家活口，不得不告別昔日公子哥的生活，與這群同伴也漸行漸遠，如今，照片中的後生阿哥都已作古，只剩張阿祥獨自一人回味那意氣風發的年輕歲月。

1.愛：將要、要；包腳：打綁腿，日文稱「腳絆」，腳絞仔：膠鞋；安到：叫做；決勝 kada：決戰型，戰爭時期男子國民服，參見 P.104〈戰爭時尚〉。

1930 年代，一群頭份的年輕人春節相聚。右起：黎文欽、徐接維、黎廷火，左 1 為黎廷義。

鮮鮮河水

1940 年代
苗栗頭份

「大家共下去河壩汩水1喔！」炎炎夏日，最快樂的享受莫過於泡在冰涼的溪水裡，年輕的張阿祥和好友林占梅，像是孩子王一樣，帶著大大小小的孩子，一起到河裡玩水，當時的中港溪尚未受到汙染，清澈的溪流，就是免費的游泳池，只見大夥兒笑得滿足又開心，大家都沒穿背心式泳衣，只有張阿祥和右後方的男孩，很時髦地戴上白色泳帽。

夏天是玩水的好時光，到了秋天則是釣魚的季節，下方照片是一身瀟灑白色衣褲、戴夏帽的張阿祥造訪造橋廖姓友人時，大家在附近埤塘釣魚，一尾大鰱魚上鉤了，孩子們專注地盯著，期待晚上的飯桌可以加菜。

在那苦悶的戰爭年代，並沒有太多娛樂場所，雖然當時街上有撞球店，但通常有錢人家的子弟才會去消費，一般人最常從事的休閒活動，就是游泳、釣魚及打獵，隨便一條水圳或是小溪，都有豐富的自然生態，也是孩子們度過快樂童年的地方，而這些都是大自然的恩賜，不用花錢的高級享受。

現在，頭份地區工業發達，自然環境遭到破壞及汙染，中港溪不再清澈，沒有人敢到溪裡玩水了，電視、電腦取代游泳、釣魚，看著照片中孩子們快樂的笑容，不禁羨慕起以前的孩子能夠享有如此單純而美好的童年。

1. 河壩：泛指河流、河邊；汩水：游泳。

上：1940 年代，炎炎夏日，大家一起到中港溪裡游泳。前排右 4 頭戴白色泳帽者為張阿祥、左 4 為林占梅。

下：1940 年秋天，張阿祥至友人家釣魚，左起：廖維金、張阿祥、蘇燮梅。

皇紀
2600

1940
新竹北埔

1940 年，25 歲的張阿祥到北埔拜訪同年[1]胡裕祥，兩人都穿上最時髦的三件式西裝，繫著同款的斜紋領帶，戴起圓框眼鏡，手上拿著軟呢帽，在北埔秀巒公園的涼亭，為兩人深厚的友誼留下紀念。照片下方的「2600」是年代，當年是昭和 15 年，為什麼不寫慣用的天皇年號「15」呢？原來這一年是日本的「皇紀 2600 年」，對日本政府來說，這可是「歷史性的一年」！

日本的「皇紀」紀年法，是明治維新之後於 1872 年宣布，以「神武天皇」即位之年為元年，即位之日，即 2 月 11 日，則訂為「紀元節」，是日本時代的重大節日之一。而皇紀 2600 年，是日本發動侵華戰爭第三年，就日本紀元而言是一個整數，正好可以用來進行國民精神教化、國家統合。因此，日本全國從中央到地方，包括殖民地台灣、朝鮮（韓國），以及日本占領地和代管地等，都大肆舉行各種「奉祝」活動。

台灣在這一年，是從皇民化運動，邁向「臣道實踐」的皇民奉公運動的一年，2 月 8 日，總督府公告廢止台灣農曆新年；2 月 11 日紀元節當天，又宣布開放台灣人申請改日本姓名。據統計，為了慶祝皇紀 2600 年，當年全台一次性活動的「奉祝行事」共約 300 件，包括各地和全島性的體育、學藝、展覽會等，硬體設施與出版品等「奉祝紀念事業」則高達 465 件，動員得相當徹底。

在這特殊的一年，張阿祥與胡裕祥不經意地留下了相同裝扮的身影，他倆不但是深交的知己，也是事業的伙伴。可惜胡裕祥英年早逝，令人不勝欷歔，至今，張阿祥仍經常到北埔，走訪當年胡裕祥在街上開的相館，以及留下許多美好回憶的秀巒公園。

1.同年：同年出生之好友，擺桌請客公開締結「同年」後，即以「同年」互稱，由此衍伸「同年伯」、「同年嫂」等稱呼。結同年，以同性別、男性為主，異性較少。同年之子息，於父親之同年逝世後，在喪禮上亦須披麻帶孝，且以「義子」或「庚男」列名訃聞上。

日本皇紀 2600 年，張阿祥（右）與同年胡裕祥（左）合影於北埔秀巒公園。

一ヨ年同
2600　健在ナレ

在張阿祥 1930、40 年代的照相簿裡，保
存了大量頭份、南庄、三灣等地的珍貴影
像，除了庶民生活，還包括當地的產業風
貌，從有百年歷史的苗栗客運前身──日
新客運，到煤礦、製糖廠、茶業公司、農
士訓練所、奠定紡織業根基的製繩工廠
等，都是苗栗產業發展史不可或缺的影像
見證。

張阿祥接受委託，風塵僕僕地四處拍攝，
其中，1943 年的望鄉山之旅，是非常獨
特的經歷，他遠赴南投深山裡的望鄉山林
場，拍攝林場十週年紀念寫真帖，記錄了
伐木作業與林場工人的生活，是台灣林業
重要的第一手影像。而神社祭典、相撲活
動、「奉納」演藝晚會，更是具體而微地
呈現了 1940 年代戰爭時局下的庶民生活
面貌。

日新客運

1943
苗栗頭份

又到了車輛定期檢查的日子，閒來無事的日新客運運轉手（駕駛），找張阿祥來拍照，在閃閃發亮的客運車前，留下這張優閒自在的合照。「當時附近个上公園當鬧熱（很熱鬧），當多賣食个（很多賣吃的）！」這裡就是現今苗栗客運總站，是進出頭份的門戶，附近的上公園成為小吃攤聚集之地，也是民眾歡聚小酌的地方，張阿祥的回憶，也是頭份人的共同生活記憶。

談到苗栗客運的歷史，要從日本時代的「展南拓植株式會社」說起。早在 1909 年，殖民政府開放民間經營輕便軌道（台車），便有日本人興建中港到斗換坪的路線，而斗換坪到南庄是山路，里程又長，1917 年才通車，先後有日本人、頭份富豪黃維生的「中南輕便鐵道公司」投資興建；1918 年，黃維生和地方望族林清文等人成立「展南拓殖株式會社」，收購整個路線。1926 年，成立公共汽車客運部，行駛竹南至珊珠湖路線；1935 年新竹州、台中州發生關刀山大地震，南庄大南埔山崩，軌道嚴重受損，由於重修費用高，台車慢慢被公路客運取代。

1939 年，展南拓殖株式會社因為經營不善，售與東京製糖，汽車客運業務由黃維生次子黃文發收回自營，改名「日新乘合自動車商會[1]」，總會仍設在頭份。光復後，日新商會於 1947 年 2 月改名「日新汽車客運社」；1962 年，政府規定每縣市僅能組織一客運公司，又改組為「苗栗客運股份有限公司」。

從台車到汽車客運，擁有百年歷史的苗栗客運現在依舊是老人及學生最主要的大眾交通工具，尤其是竹南經頭份三灣往南庄，以及往苗栗、往新竹這三條最主要的路線，其他還有多條政府補助的路線，貼心服務偏遠地區，承蒙你（謝謝你），我們的老朋友！

1. 「日新」二字來自於紀念「嶺南黃氏二世祖」成立的祭祀公業黃日新嘗。

1943 年 4 月 3 日，日新客運社（苗栗客運前身）班車接受車輛檢查。

8. 4. 3

左圖為 1935 年展南拓殖的廣告。右圖為
1944 年日新乘合自動車廣告，老闆仍為黃
維生家族，但已改日本姓名黃田光茂。（央
圖台灣分館提供）

獅頭山炭礦

1930 年代
苗栗南庄

農曆新年，張阿祥和友人相約前往獅頭山春遊，順道拜訪在炭礦（煤礦）工作的朋友，因而拍下了這唯一一張有關礦場的影像，不過張阿祥已記不太清楚確切地點，從照片中可見通往礦坑口的輕便軌道，底下一根根的枕木還是原木裁成，他解釋說，當年「有人專門賣這種枕木，逐枝（每枝）兩寸半，聽人講價錢當好。」

根據南庄鄉志記載，日本時代初期，苗栗獅頭山地區核准五個煤礦區，1916 年，「林清文炭礦」最早挖掘，為林啟興林清文父子與日本人所共有。1918 年，林清文、黃維生等地方豪族合組展南拓殖株式會社，開坑「南庄炭礦」。後來，又有興南炭礦、義興炭礦等開坑，昭和年間（1926-1945）則有南邦炭礦、北灣炭礦、千代田炭礦及愛國炭礦等加入。

早期煤炭開採方式為開鑿平水坑，以小型拖籠由礦工匍匐拖出，之後利用輕便台車軌道，搬運到十幾公里外竹南火車站前的貯煤場，台車可裝載 250 台斤（150 公斤）的竹籠四個，因為距離遠，每天只能搬運一次，產能有限，發展也受限。

一直到 1937 年，本區發現優良煤田的消息傳出，開始大規模探勘，並於 1939 至 1943 年間進行鑽探工作，光復後，由於推動工業發展的需求，台灣煤礦業在 1956 年左右達到高峰，創造了三灣、南庄地區的空前榮景。不過好景不長，1961 年之後，因煤層太薄、煤坑過深，加上國外煤炭競爭以及石油能源取代，台灣煤礦業終於成為落日產業。

1930 年代，張阿祥與友人同遊獅頭山炭礦，右 1 為張文海，右 4、5 為張阿春夫婦。

銅鑼圈製糖工場

1939
苗栗三灣

這一天是新老闆上任的日子，所有員工一同歡迎日本來的新頭家，原本屬於「展南拓殖株式會社」的銅鑼圈糖廍，轉手賣給「東京製糖株式會社」，由東京總社派來接收的板倉社長，雖然身材瘦小，卻頗有老闆架勢。「佢兜釘釘到頭份喊我去翕相（他們專程到頭份叫我去拍照），你看該吊橋幾靚咧（你看那吊橋多漂亮）！」張阿祥指著板倉社長背後的銅鑼圈吊橋說，當時峨眉溪水量相當豐沛，岸邊全是沒有石頭的沙坪，就像海灘一般。

銅鑼圈的製糖歷史早在日本據台的乙未年（1895）就開始，由斗換坪的林啟興與老崎的饒昌麟、饒維進合夥在這裡設立糖廍煉糖。1918年，林啟興之子林清文成立「南灣蔗苗養成公司」，改為改良糖廍，採用機器壓榨；同年與黃維生、潘慶文、涂阿石、徐開萱、陳維藻、王雲榮、張春華等人共同創立「展南拓殖株式會社」，從事製糖、採炭、運輸及拓殖等事業，其中製糖部分，即收購自南灣蔗苗的改良糖廍，原料採取區為寶山庄、峨眉庄、南庄、三灣庄、頭份庄等地，由台車運送甘蔗到工場製糖。苗栗其他地區也有多家改良糖廍，後來多被日資的帝國製糖、大日本製糖等新式製糖廠併購。

1939年，由於展南拓殖經營困難，庶務部長廖上堯建議在日本東京發布新聞，介紹展南拓殖會社在經營上的優勢以及南進國策下的有利條件，結果有朝鮮製糖、沖繩製糖及東京製糖三家公司派員接洽，最後由東京製糖株式會社以一百萬元買下，並於當年12月13日，派白柳常吉、板倉奇三馬與穎川瑛三人前來接管，改為東京製糖株式會社銅鑼圈製糖工場。

光復後，糖場由台灣省日產處理委員會標售給林清文之子林為恭（後來任頭份鎮長、苗栗縣長），改設立「台灣經建物產股份有限公司」，之後又改組為「台灣赤糖公司」。後來，隨著台灣糖業的沒落，銅鑼圈糖場連同銅鑼圈吊橋，一起走入了歷史。

上：板倉社長（左2）與同仁合影於銅鑼圈吊橋前，左1為鍾運昌，他後來做到主任。
下：1939年，東京製糖購買展南會社，派板倉奇三馬前來接收銅鑼圈製糖工場，全體員工合影。前排坐者右1黃漢發，右4黃祥獅、右6板倉、右7板倉夫人。

茶業公司

1942
苗栗頭份

「竹南茶業株式會社」是一家位在頭份上公園附近的茶業公司，老闆是頭份首富黃維生，他所經營的事業含括農、工、商各業，從蔗糖、木材、炭礦、茶葉、運輸、拓殖（土地開發）一直到金融業，是日本時代中北部客家地區數一數二的家族企業；也因為事業經營成功，連遠在滿洲的日本公司都來拜訪，雙方在茶業公司前合影留念，時值1942年，以當時台灣和滿洲關係來看，雙方很有可能是談包種茶出口事宜，並交流拓殖經驗。

日本從19世紀初開始，因為人口壓力造成嚴重農村問題，為解決國內經濟危機，開始向海外擴張，1895年甲午戰爭使台灣成為日本殖民地，1905年日俄戰爭後取得樺太並接收了俄國在滿洲（中國東北）的勢力，成立南滿鐵路，殖民統治長春到大連鐵路及其支線兩側各30里的地區，由治台有功的後藤新平出任總裁。1910年，日本占領朝鮮為殖民地；1931年日本發動九一八事變、1932年扶植成立「滿洲帝國」，滿洲成了日本重要的武裝移民地區，移民事業由關東軍主導，總共移入高達27萬的移民。

台灣是最早實施官營移民事業的日本殖民地，因此台灣經驗也轉移至其他殖民地，例如被稱為「滿洲開拓移民之父」的加藤完治，曾拜訪台灣花蓮港廳吉野村（今吉安鄉），瞭解並學習台灣經驗，在加藤氏推薦下，關東軍司令官小磯國昭也到吉野村視察；滿洲以日本移民村做為當地農村的示範方式，與台灣官營移民相當類同。

除了官營移民事業外，台灣與滿洲之間的民間交流與經貿往來也相當頻繁，不少台灣人也前往發展；1937年日本侵略中國，滿洲和華北更成了台灣包種茶的新興市場，這張滿洲生必社西鄉氏一行人來訪的照片，見證了這段歷史。

1942年4月15日，滿洲生必社的西鄉氏（可能為前排右2著西裝者）一行人拜訪竹南茶業株式會社，前排左3為社長黃維生，2排左起：張嘉回、黃文發、溫月星、林日輝，右2為葉增勳。

滿洲生必社西鄉氏外一行椰未社紀念
昭和 17 4 15

農士
訓練所

1941、1944
苗栗頭份

日本時代的台灣，是日本國防、經濟的南進基地，1930年代日本軍國主義擴張下，日本殖民政府加緊腳步在台灣各地成立多處訓練所，以訓練經營南洋的尖兵，在新竹州以培育農業人才為主，1933年首先在竹南崎頂設置「新竹州立農業傳習所」（今農委會家畜衛生試驗所動物用藥品檢定分所），1937年，又於斗換坪庄下新店（今大成中學現址），設立「新竹州立農士訓練所」，招收男性公學校高等科畢業生，施以兩年農業專業訓練，修業時間比農業傳習所多了一年。

對於難以進入中學就讀的普通人家來說，農士訓練所不但提供了進修的管道，而且學費、膳宿、制服等都是公費。課程方面，一年級稱普通科，二年級稱研究科，內容包括農產加工、農具使用、栽種技術等三項，栽種技術以稻米為主，農作物包括：蔬菜和水果等普通作物；做為紡織與榨油原料的苧麻、亞麻等特用作物；日本庭院造景之園藝作物。

根據當年在農士訓練所修習的邱正臣先生口述，除了農業專門訓練外，也兼顧公民訓練、品行修養、體能訓練，所裡的師資都是具備農業專長的人士，所長是農業博士小河虎之介，後來調回台北帝大農業試驗所，其他還有日籍的安藤老師、松下老師，和一位從崎頂的農業傳習所畢業的鍾維斗老師。

農士訓練所的畢業生共有四屆，畢業的男生全都由「台灣拓殖株式會社」派到海南島、越南、新加坡等地工作。當時派到海南島的有15人，有的分派到農場實務操作，有的在辦公室做事務性和研究工作，工作待遇有安家費230元、月本薪32元、赴任旅費290元、限地津貼每月200元，待遇相當優厚。後來，由於年輕男性多被徵兵，第五屆之後改招女生，以十五、六歲以上的未婚女性為對象，施以半年的訓練，做為支援前線、安定後方的穩定力量。

上：1941年頭份，農士訓練所教師和學員的自動耕耘機試車紀念照。
左下：1944年農士訓練所結業合影。2排正中央為新竹州知事江藤昌之，後排左6為邱正臣（珊珠湖人，之後任職雙喜紙廠事務科長），前排左4為黃建輝（尖山人，之後任職林務局檢查哨）。
右下：1944年9月30日，農士訓練所女子班第三屆結業合影。後排左3為大南埔人李三妹。

自動耕耘機試運轉紀念

製繩工廠

1944
苗栗頭份

這是一家位在頭份田寮的製綱繩（製繩）工廠，前來工廠指導的日本技師市川先生，即將返回日本，全工廠的人都來送行，大家在玄關前合影留念。不知是否戰爭的緣故，男丁多半被徵調戰場，在此工作以女性為主，這些女工看起來年紀相當輕，一張張稚嫩的臉龐，流露出負擔家計的無奈與艱辛。

工廠的老闆是頭份著名的企業家溫月星（1905-1982），台中第一中學畢業後，執教於公學校，後轉任職於頭份街役場，再棄政從商，先任展南株式會社主事，之後自創富興製糖及三灣製茶工場等事業，並於1941年11月20日創立「台灣新興工業株式會社」，引進日本製繩設備及技術，包括製網索機、合股機等新式機器，生產瓊麻繩，是苗栗紡織工業的先驅。

日本殖民台灣的政策是「農業台灣、工業日本」，為運銷台灣的米與糖等農產品，需用大量的麻袋、麻繩包裝貨品，因此有計畫地種植瓊麻。而台灣新興工業株式會社成立的這一年，殖民政府喊出「農業南洋、工業台灣」的新口號，加上戰爭時期麻繩為軍需品，纖維工業為發展重點之一，瓊麻業前景看好。光復後，麻繩成功外銷日本，更是締造瓊麻工業的黃金時代，直到石化工業興起，人造纖維做成的尼龍繩取代瓊麻繩，瓊麻工業才日漸沒落走入歷史。

上：1944年2月12日，位於頭份的台灣新興工業株式會社製繩部歡送日本技師市村氏，全體員工合影。第三排中央坐著的四位男士左起為：林爐、市村氏、老闆溫月星、溫霖。
下：製繩工廠內以機器製作麻繩的情景，右起：黎文欽、徐接維、黎廷義。

市村氏送別記念
台湾新興工業株式會社製網繩部
19. 2. 12

望鄉山之旅

1943
南投信義

1943 年初冬，太平洋戰爭開打已屆兩年，時局愈來愈差，張阿祥的相館生意也受到影響，就在此時，住在北埔的同年胡裕祥，邀他一同到「株式會社櫻井組」經營的望鄉山林場，承接《拾週年紀念寫真帖》的拍攝製作，原來胡裕祥的北埔同鄉謝先安及謝先倉兩兄弟，在望鄉山林場承包工事，透過他們從中牽線，找到胡裕祥去拍照。就這樣，兩個人帶著簡單行李及攝影器材，踏上生命中一段難忘的高山之旅。

望鄉山位於現今南投縣信義鄉境內，地名的由來，是日籍駐警因懷念日本家鄉而取。張阿祥與胡裕祥花了一天的時間，終於到了水裡坑（現在的水里），休息一晚之後，隔天早上與三個郡的郡守（相當於現在的鄉長）一起坐溜廊（流籠、索道）上山，這可是少數人才有的特權，當時車子無法通行，一般人徒步上山得花半天以上，但坐溜廊只需短短十多分鐘，不過坐起來相當驚險刺激，讓張阿祥印象特別深刻。

除了溜廊外，高山上寒冷的天氣也讓張阿祥難忘，「倕毋識睹著恁冷，手指硬到毋會停動，透氣全部是煙。1」而當地崎嶇不平的地形，也考驗攝影師的拍攝技術。當年才 28 歲的張阿祥與胡裕祥，在海拔兩千多公尺的望鄉山上住了 17 天，拍下許多珍貴的影像。透過張阿祥的鏡頭，我們看見了雲霧間高聳參天的巨木、美麗壯闊的雲海、日本時代末期開發高山林業的狀況，既是見證台灣林業史的第一手影像資料，神社祭典、奉祝表演活動，更是具體而微地呈現了皇民化運動的時代軌跡。

1. 毋識，不曾；睹著：遇見；恁：這麼；停動：動；透氣：呼吸。整句大意是：不曾碰到這麼冷的天氣，冷到手不能動，連呼氣都冒煙。

1943 年望鄉山林場，會計伊藤（左 2）和工班在大杉木下合影，其中一人還帶著工具爬上樹作勢伐木。

山頂生活

1943
南投信義

北埔的謝先安、先倉兩兄弟是張阿祥望鄉山之旅的關鍵人物，在採訪張阿祥的過程中，得知謝先倉仍在北埔，於是透過張阿祥的兒子張松光帶路，一起拜訪了謝老先生。兩位老人家久別重逢，聊到那段在山頂上的經歷，彷彿又回到了年輕時的歲月。

1941 年，從事木匠的謝先倉，跟著哥哥謝先安到望鄉山林場工作，謝先安承包林場的宿舍、工廠、溜廊以及當地祭拜的大山神社等建築工程。「當時在山頂做事，比普通人多三、四成的錢，算是不錯的收入！」謝先倉回憶起那時約有一百多人在山上一起工作、一起生活，形成一個大家庭，除了幾位主管及行政人員是日本人外，大部分是台灣人，又以閩南人占多數，有些人帶著家人一同前來，婦女也加入工作的行列。

由於謝先安是帶班的工頭，兩兄弟在山上的生活稱得上愜意又自在，加上和工廠的三宅主任及會計伊藤先生交情不錯，而擁有不少特殊待遇，例如一般工人只能睡禾稈鋪成的床，他們不但可以睡榻榻米，房間還有玻璃窗；另外因戰爭時局，山下日子吃緊，物資都要配給，反倒在山上要吃多少有多少，也有酒可以喝，彷彿置身於戰事之外。

謝先倉在望鄉山工作了四年，一直到光復之後才下山，不久又回到望鄉山蓋發電所，前後總共五年多的時間；回到北埔後，繼續從事木匠及建材買賣。至於哥哥謝先安則是移民巴西，發展觀光事業相當成功，現年高齡 97 歲。時光荏苒，照片中幾位 20 多歲的小伙子，現在都已近百歲了，當年的宿舍及工廠也已不復見，倒是神木依舊屹立，神社殘跡仍在，見證著那段林業輝煌的歲月。

上：1943 年望鄉山林場宿舍前，後排左起為胡裕祥、張阿祥、謝先倉、謝先安、謝先安夫人，宿舍是謝先安承包建造。

下：林場的大山神社也是謝先安（右 4）承作，他右邊是弟弟謝先倉，戴眼鏡的是好交情的伊藤，張阿祥在後排攬著胡裕祥肩膀。

謝先倉（左）與張阿祥（右）睽違 60 多年後再度相聚，回憶起山頂上的年輕歲月，兩位老人有說不完的故事。（黎振君攝於北埔，2011）

望鄉山林場

1943
南投信義

日本時代的民營林場必須經過申請，1933 年，台灣總督府頒發許可給株式會社櫻井組，准許其投資經營伐木事業，範圍包括望鄉山、西巒大山及郡坑山，總面積約 4,754 公頃，樹種以台灣扁柏、紅檜、台灣鐵杉、松為主，肖楠、番杉次之，產值相較於阿里山、八仙山、太平山等三大林場，要小得多，平均每年生產材積 5,888 立方公尺，以張阿祥來此拍照的 1943 年產量最高，達 9,000 立方公尺。

望鄉山的伐木事務所位於海拔 2,320 公尺的高山中，林區內，有水力發電所、製材所、土場（集材場，設有兩處，一處是未裁切的原木，一處是裁切好準備運下山的材木），以及員工宿舍、神社等設施，猶如一個聚落，不過，這裡並沒有像阿里山林場等官營的大型林區還附設學校，供林場人員子弟就讀。

光復後，林場由政府接收，隸屬林務局，望鄉山、巒大山與干卓萬山等林區，合併為巒大山林場，並新增機具、擴建索道和輕便軌道，增加產能與運能。後來，歷經產業型態改變與環保意識的抬頭，巒大山林場於 1985 年停止採伐，現在屬於南投林區管理處。

上：1943 年望鄉山土場，堆放了許多準備運下山的木材，地上的輕軌、空中的索道，分別把林區的木材運到這裡。建物上方，幾名工人正在作業，其中二人還揹著幼兒。
左下：望鄉山工廠區。
右下：望鄉山林場廣大，分好幾個區域，這是一號地帶全景。

本圖取自《望鄉山拾週年紀念寫真帖》

1. 張阿祥（左1）和造材工匠（右2）開工前合影。造材工匠需選擇從哪棵樹先砍伐，才不會影響之後的工作流程。工具多屬大件鐵製品，種類又多，每天上工都得帶齊，翻山越嶺才能抵達工作處所，是非常危險費力的工作。

2. 集材作業是把砍伐下來的木頭，先運至土場集中，再送到製材工廠裁切。望鄉山林場有兩種集材方式，第一種從空中，即利用架空索道把原木掛在半空，以滑輪運送，稱拖拉式集材法，圖為人員分別在索道上方與下頭，合力調整、吊掛木頭的情景。

3. 第二種集材方式從地上，用台車來運，運材台車主要由一人操作，沿路上下坡處甚多，遇到上坡一人無法推上的路段時，需靠大家互相協助，這張照片呈現了地面台車、架空索道都在運材的情景。

4. 集材工人一起用「鶴嘴」翻滾大木頭。「鶴嘴」因形似仙鶴的嘴而得名，鐵製嘴型部分約40公分長，低處凹入三角形溝，形成兩旁刀形。鶴嘴裝在赤柯或椆木製作的木柄上，約180公分長，利用長柄的力量來翻滾木材。

1

2

3

做枋仔 造材工匠是專門砍伐巨木的工人，俗稱「做枋仔」或「做料仔」，其技能是由日本技師輔導，算是一項先進的技術，他們必須有能力判斷不同樹木種類的用途，並配合需要的尺寸裁剪木材製品。由於山坡地勢或平坦或陡峭，且樹木生長速度快慢不一，體積亦有大小高矮之別，這些都會影響造材進度，為求公平起見，大多由工頭（包商）公開做籤給匠師們抽取，以為分配作業的依據，分好區域後便各自上工。

本圖取自《望鄉山拾週年紀念寫真帖》

4

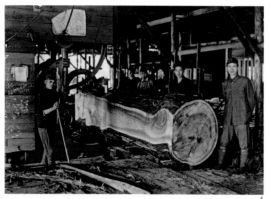

圖 6,7,8 取自《望鄉山拾週年紀念寫真帖》

5. 製材所有不同尺寸的製材機,這是六呎大割帶鋸製材機,可將原木裁成大尺寸的木料,站在原木右邊的是張阿祥。

6. 四呎小割帶鋸製材機,裁切較小尺寸用。

7. 製材所裁好的木材移到盤台後,要利用索道進行搬出作業。據謝先倉口述,望鄉山林場共有3座索道盤台,1號和2號盤台與製材所相連,3號盤台則無。

8. 索道將裁好的木材運到山下的土場,一般放行的速度約在時速30至40公里。

9. 高山霧氣雨水多,索道載重又滑溜,按規定是不准載人的,但民營伐木區較不嚴格,為了節省時間,大家還是冒著生命危險坐在木材或日用品包裹上,萬一發生意外可得不到任何賠償,只能自認倒楣。這照片看了讓人捏把冷汗,謝先倉卻神情自若地說:「毋使驚,坐下去當遽,隆隆滾一下就到咧!」意思是:不用怕,坐下去很快就到了。

溜廊 把林場木材送到山下的「搬出作業」，主要依賴俗稱「溜廊」的索道，最早是 1915 年日本人開伐太平山林區時引進，是具有很高經濟價值的運送工具，一般設在山區的高處再降下至對岸的低處，讓吊掛之物件因重量衝力而往下滑，不需動力裝置；索道可配合地形架設，又可拆卸移至他處拼裝使用，經濟實惠，且能避免開路破壞生態，方便又環保。

望鄉山林場共有索道 8,100 餘公尺及台車軌道 4,000 公尺，汽車路 29 公里。伐採之原木利用輕便軌道（台車）、部分使用人力送往製材所，鋸成各種尺寸的木材，然後用三段索道依次運至土場，再由日商「新高軌道」輕便軌道（櫻井組負責人櫻井貞次郎為執行董事）或是卡車運到水裡坑辦事處檢收。

圖 10,11 取自《望鄉山拾週年紀念寫真帖》   10

10. 望鄉山林場辦事處職員合影,辦
    事處設在水裡坑火車站附近,方
    便處理木材運輸、買賣及伐木事
    宜。

11. 木材運到水裡坑辦事處後,先由
    「檢尺」人員點收,無誤後才在
    每塊木材兩端蓋上公司鐵印章,
    再由內勤人員整理。

12. 水裡坑可以透過集集線連結西部
    縱貫線,交通位置重要,從這張
    1935 年「台中州登山略圖」(局
    部),可看到水裡坑到望鄉山腳
    下的東埔,鋪設了輕便軌道,水
    裡坑是新高山(玉山)登山口,
    所以這條輕軌除了運材,也兼營
    客運。(莊永明提供)

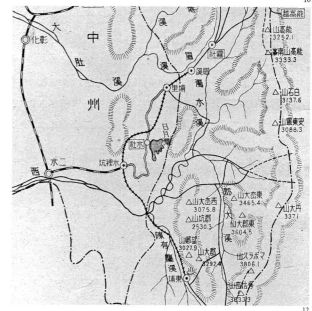

12

一切為軍需的林業 日商櫻井貞次郎創設的櫻井組,從 1933 年開始伐木,共分兩個作業區,一個是望鄉山林區,主要生產針葉樹材;一個是郡坑山林區,主要為闊葉樹材。日本發動太平洋戰爭之後,軍需用材孔急,不惜濫加砍伐,一切資源都必須支援軍事用途,因此所有官營伐木業者移轉為官商合資之「台灣拓殖株式會社」,軍用材主要用於船艦、飛機、車輛、兵器、枕木及營建,陸軍為首要用材者,以往供應民間的闊葉樹材亦多轉為軍用,水裡坑的貨運行曾為櫻井組載運木材,但貨車上必須掛「陸軍」的牌子,否則會被認為是偷載之木材。

圖 13-17 取自《望鄉山拾週年紀念寫真帖》

13

14

13. 1943 年，第二工廠遭祝融後的慘況。林
場最怕火災，謝先倉在望鄉山四年，印象
最深的就是遇到好幾次大火，一次是宿舍
被燒掉，兩次是工廠失火，以第二工廠這
次最嚴重。起火原因是機器故障，請外面的人來修理，師傅連夜趕工，菸頭未熄就隨意丟棄，天
快亮時引發大火，所幸沒有人員傷亡。

14. 整個工廠燒個精光了，只剩毀損的機器，大家趕緊重建。

15. 災後，廠方立刻進行復舊工事，這是開工前的地鎮祭。依據日本建築習俗，建築興建過程中，最
重要的儀式為地鎮祭（動土典禮）及上棟式（上梁儀式）。

16. 為了加緊重建，廠方還找了當地的布農族原住民來幫忙。

17. 火災後又遇到大雨，整個山坡滑動，施工相當不易，從照片中可看見，當地幾乎沒有平坦的腹地，
房舍及工廠都是依著地形而建，相當考驗工匠們的技術和經驗。

15

16

17

18

19

圖18-22 取自《望鄉山拾週年紀念寫真帖》

20

21

18. 1943年11月為紀念望鄉山林場成立十週年，特別於「大山神社」舉辦盛大的「御大祭」，台中州大屯郡、能高郡及下轄望鄉山的新高郡等三位郡守都前來參加祭典，並由新高郡柿原郡守代表拜禮。

19. 大山神社主要祭拜山神，建在一棵巨大的檜木前，奉安殿與檜根幾乎合為一體。圖中神職人員正在進行儀式，林場工作人員和眷屬列隊參拜。

20. 奉納相撲比賽，相撲是日本最具代表性的祭典活動，神社一年一度的祭典，都會有相撲大會，現今日本各地仍然保留這種習俗。

21. 祭典結束後，大家共享酒宴。林場就像一個大家庭，吃飯、工作都在一起，當時山下戰爭情勢吃緊，民生物資缺乏，山上卻米酒不缺，日子相當愜意，彷彿身在化外之地。

22. 從外頭請來的舞獅隊表演，神社鳥居前擠滿了扶老攜幼來觀看的人群，非常熱鬧，當時望鄉山伐木的盛況，可以想見。

日本神社在台灣 神社是日本神道教的象徵建築，日本在明治維新之後宣布神道為國家的宗祀，此一神道文化，也隨著日本殖民統治進入台灣。1930 年代以前興建的神社，主要分布在城市、日本移民村、糖廠或林場、電力……以日本人為主的會社、番地（原住民地區）等，數量並不多；興建最多的時期是推行皇民化運動之後、即 1937 到 43 年間，望鄉山林場的大山神社即在這期間興建，又稱望鄉神社、望鄉祠，為形制較簡易的神社。台灣光復後，各地神社絕大部分被拆除，大山神社或許因為位處深山，至今殘跡仍在，但奉安殿已改供奉土地公了。

23

24

25

圖 23, 24 取自《望鄉山拾週年紀念寫真帖》

23. 1943 年 11 月 17 日晚間，櫻井組廠方特別舉辦奉納演藝大會，這是慶祝望鄉山林場開發十週年的其中一項活動。開場時先由官方、廠方代表以及「婦人會」成員共同演唱「愛國行進曲」。

24. 婦女們換上傳統日本和服表演民謠「木曾節」，表達懷念家鄉的心聲。

25. 現代歌舞「荒城之月」的演出，為日本現代音樂開路先鋒瀧廉太郎 (Taki Rentarou) 的名曲，以口琴伴奏加上人聲及獨舞，打動了所有觀眾的心。

26. 圖中三位丑角正在表演喜劇，舞台布景是日本太陽旗和各種愛國口號的布條，大致的意思是：「認真工作，歡欣報國」、「一億一心，職域奉公」、「提高效率，榮耀職場」，表示大家雖然在山上無法到戰場報效國家，但是在職場堅守崗位，同樣也是愛國的行動。

晚間的奉納演藝大會　1943 年 11 月，為了慶祝望鄉山林場開發十週年，櫻井組廠方除了盛大舉行神社祭典外，也在 17 日晚間特別舉辦奉納演藝大會。戰爭時局下，台灣各地常舉辦「奉納」「奉公」之名的活動，藉以鼓舞士氣，宣揚愛國情操，即使遙遠的山裡頭，也是如此。由於室內燈光不是很亮，張阿祥與胡裕祥特別準備了夜間攝影使用的燈，拍下當天晚會的盛況，張阿祥說，夜間攝影對攝影師來說是一大挑戰，幸好拍出來的效果很不錯。

烽火

從 1937 年日本發動侵華戰爭開始，台灣進入了戰時體制，張阿祥的鏡頭下，男男女女換上了「決戰服」與燈籠褲，頭份街頭也不時上演「防諜」、「健民運動」、消防演練等各種宣傳動員活動。

戰爭時局下，張阿祥的相館事業也經歷了幾番動盪，先是結束「美影」、與友人另開「林照相館」，又因空襲疏散到鄰近山區的珊珠湖開「珊瑚照相館」，拍下稚子在防空壕前純真的眼神。

到了戰爭後期，志願兵與徵兵制陸續實施，讓許多人家的家族紀念照，不是少了壯丁的身影，就是增添了離別的哀愁與不安。而張阿祥做為相館師傅的身分，更讓他有機會拍攝到一般人不太可能拍到的──疏散到頭份、三灣的海軍航空隊、神風特攻隊等即將趕赴戰場的日本軍人，是戰爭年代重要的歷史見證。

戰爭時尚

1940 年代
苗栗三灣

抹上光亮的髮油，穿上筆挺的西裝外套，上面別著日本國徽以及一枝筆，裡面搭配方便穿脫的套頭式拉鍊襯衫，下半身則是長褲打綁腿，腳穿「草鞋襪」（是一種膠底布面，拇趾和其他四趾岔開的勞動鞋，日文稱「地下足袋」，穿這種膠鞋，還可以再套上草鞋，所以稱為「草鞋襪」），手上拿著高級的氈帽，張阿祥的人像寫真，讓我們看到了戰爭年代最時髦的穿著。

「lia 安到決勝 kada，意思就係隨時愛有決戰个準備（這叫做決戰服，意思就是隨時要有決戰的準備）！」照片中的「型男」，是張阿祥的堂哥張乾亮，雖然出身三灣崁頂寮的農家，卻散發著文人的氣質，他寫一手好字，日後成了地方上的「理事先生」（婚喪喜慶時幫忙處理禮儀等事），這身「武裝」的打扮，可說是當時年輕人最流行的裝扮。

決勝 kada 源自於戰爭時期日本政府為了強化全民備戰心理，所制訂的「大日本帝國男子國民服」與女性標準服裝，鼓勵人民以此取代原本的穿著。國民服有甲乙兩種，皆採軍服款式與國防色（褐色、草綠色）的設計，女性則為短上衣配燈籠褲。

燈籠褲發源於日本東北地區的一種服裝款式，褲子上有打折，褲頭有一條帶子，先將帶子拉往後面綁，再向前面打結，褲管緊縮。戰時的燈籠褲有和式、西式的款式差異，多以國防色製作，常見於防空、滅火演習等戰時訓練或是女學生從事農作或戶外活動時換穿用，比如右邊這二張照片，就是當時航空隊女工的裝扮。

台灣傳統服飾的褲裝剪裁比燈籠褲節省布料，改穿燈籠褲，有悖戰時節省原則，所以當時也有反對的聲音。但燈籠褲受年輕女性歡迎，對她們而言，傳統服飾是年長和「鄉下人」的象徵，西式剪裁的燈籠褲比較時尚，因此在許多 1940 年代的老照片中，時常可以看到女性穿燈籠褲的身影。

左：1940 年代，張阿祥堂哥張乾亮穿著男性「決戰服」攝於三灣崁頂寮自家後院。
右上、右下：航空隊女工戰時穿著的燈籠褲裝。

轉妹家

1943
苗栗南庄

「𠊎愛跈阿姆共下轉妹家咧！[1]」對二郎（張阿祥兒子張松光）來說，最快樂的事情莫過於跟著母親李香妹一起回娘家，那是位在三灣和南庄交界的員林村，美麗的田園風光，廣闊無際的天空，讓住在頭份街上的二郎感覺來到另一個天地。

每年的大年初二，是員林村李阿喜家族最熱鬧的一天，嫁出去的女兒都會回來，在張松光的記憶中，那天母親和阿姨們總有談不完的話，不管嫁多遠，大家最想念的還是溫暖的娘家，房子雖然簡陋，只是外面用竹子搭起來的泥巴屋，卻充滿著姊妹們小時候一同生活的記憶。

不過，這一年的氣氛特別不同，因為隨著戰爭愈來愈激烈，台灣很多男丁被徵調到戰場，照片中除了還在念書的大舅舅李海水以及外公李阿喜之外，其他男性都缺席了。後來，阿緞姨（李緞妹）的先生在「阿波丸事件」中不幸喪生，留下無助的妻子和年幼的子女。

「阿波丸事件」發生在 1945 年 4 月 1 日晚上，日本客貨郵輪「阿波丸」從新加坡航向日本經過台灣海峽時，被美軍魚雷擊沉，船上兩千餘人只有一人獲救，其他全都葬身海底，是已知沉船史上喪生人數最多的事件。這起船難至今仍充滿爭議，因為當時美日之間約定「阿波丸」運送人道物資，船身漆有綠十字做為保護。阿波丸是載運物資到東南亞給盟軍戰俘後回程時遭受攻擊的，日本方面是否趁機偷偷裝載了武器彈藥和貴重物資，目前還是未解之謎。

35 年之後，也就是 1980 年，中國曾進行沉船打撈工作，是當時的熱門新聞，那次打撈並未發現傳言中的金銀財寶；對受難者家屬來說，財寶並不重要，只希望家人的遺骨可以早日回到故鄉。

1. 跈：跟隨，轉：回，回家說轉屋下，回娘家說「轉妹家」，因為客語的女兒為「妹仔」（客語稱妹妹為「老妹」）。整句意思是：我要和媽媽一起回娘家啦。

上：1943 年苗栗南庄，張阿祥妻子回娘家時和家人合影。前排左 2 是張松光，右邊是外公李阿喜和李木郎，再右邊是外婆太（外曾祖母）和外婆黃七妹；後排左起是阿姨李三妹和李緞妹、表姊黃有妹、母親李香妹抱著弟弟張盛光、阿姨李娣妹；還在念書的大舅舅李海水站在最後面。

下：張松光的阿緞姨和三個女兒合影，左 1 為大女兒黃有妹，拍攝年代比回娘家照片稍早，後來在「阿波丸事件」罹難的阿緞姨丈是否已經遠赴戰場，所以在相片中缺席，就不得而知了。

戰爭童年

1940 年代
苗栗頭份

有一個攝影師爸爸，真是件令人羨慕的事，從出生起，每個人生階段都可以留下影像紀錄，像是三歲的二郎，穿著日式浴袍和開襠褲，坐在當時算是高級玩具的木馬玩具車上，與心愛的小狗玩伴合照；另外還有二郎和三郎的合照，張阿祥替兩兄弟精心打扮，不但有吊帶褲、小西裝，還有時髦的帽子和皮鞋，當時一般人想要拍這樣的照片，可不容易。

1937 年日本發動侵華戰爭之後，大力推動皇民化運動，愈來愈多父母親為新生嬰兒取了日本化的名字，甚至將這種日本化的名字視為「有教養」及「有文化」的象徵，警察或公學校教師也會鼓勵這樣命名。男嬰最常以「郎」為名，比如一郎、二郎、太郎、次郎等，女嬰則以「子」為名最普遍，比如紀子、花子、昭子等，成了 1937 年至 1950 年代出生的台灣人名字的一大特色。另外還有義雄、文雄、昭雄、秀雄、俊男、芳彥等日本式名字，至今仍多存在於同樣那個時代出生的台灣人名字中。

就某種意義來看，當時兩性命名上的差異，反映了殖民者所強調的價值觀——男人勇赴戰場，為國家犧牲奉獻；女人則是扮演賢妻良母的角色。光復後，行政長官公署於 1946 年 5 月頒布「台灣省人民回復原有姓名辦法」，要求改日本姓名或取日本名的台灣人，限期改回漢族姓名，二郎、三郎便改名為松光、盛光。

在張阿祥的相簿中，孩子占有相當重要的分量，從他替孩子們精心打扮以及各種畫面設計，可以看見一位父親透過影像表達對孩子的愛；但另一方面，有了孩子也是責任的開始，尤其是在戰爭末期，張阿祥帶著一家大小四處遷移，只為了尋找棲身之處，因此每當看到這些照片，總是情不自禁地紅了眼眶。

左：1940 年代頭份，騎著木馬玩具車的張阿祥兒子二郎與小狗合影。
右：二郎與三郎兩兄弟合影於今頭份「林照相館」樓上。

走空襲个日子

1945
苗栗頭份

「響笑仔囉！遽遽囥起來！[1]」空襲警報聲劃過天際，大家趕緊放下手邊的工作，往住家附近的防空壕躲避。太平洋戰爭末期，米國（美國）軍機每日空襲，打亂了老百姓的作息，不但生意沒法做下去，甚至被迫離開家園，往鄉間疏散，這對天真的小兄弟，跟著父親從頭份街上搬到了位於山區的珊珠湖，沒想到從此留在這裡落地生根。

1943 年 11 月 25 日，美軍戰機首次進入台灣上空進行轟炸，首當其衝的目標就是位在新竹的日軍基地，新竹機場、鐵路設施遭到大規模的猛烈轟炸，從此，太平洋戰爭的戰火延燒到台灣島上，尤其是戰爭結束前一年間，全島各大都市頻遭盟軍戰機轟炸。根據台灣總督府的統計，從 1944 年 10 月到 1945 年 8 月，因為空襲，大約有六千多人死亡，九千多人受傷，房屋損壞約五萬棟，對於無端被捲入戰火的台灣人而言，真是一段難以抹滅的傷痛。

1944 年下半年，為了減少傷亡，日本政府開始勸導民眾往鄉下疏散，並進行「城市疏開（疏散）」，原本與友人林占梅在頭份街上合開照相館的張阿祥，因此被迫結束生意，舉家遷移到珊珠湖另起爐灶，開設「珊瑚照相館」。照片拍攝的地點就在新家後方的防空壕，張阿祥的兩個兒子二郎（張松光）及三郎（張盛光）天真地坐在防空壕旁，絲毫感受不到空襲的緊張。有趣的是，兩兄弟頭上戴的帽子，與身上的舊衣服形成強烈對比，張松光回憶，那兩頂帽子應該是父親拍照用的道具，當時剛搬到珊珠湖，一切都得從頭開始，生活很辛苦，在那艱困的時刻，張阿祥一時興起為孩子們拍下這張特別的照片，也為那段走空襲的日子留下見證。

1. 笑：泛指筒狀物，錢筒稱「錢笑仔」，銅罐稱「「銅笑仔」，「響笑仔」是指空襲警報聲。囥：躲藏；遽：趕快。整句意思是：空襲警報響了！趕快躲起來！

1945 年珊珠湖，張阿祥兒子二郎、三郎在新家後面的防空壕旁合影，當時空襲猛烈。

新年
消防演習

1940 年代
苗栗頭份

這裡是頭份下街尾，時值 1940 年代，處處還是田園風光，只見大隊人馬來到，從旁邊的水圳拉起長長的水管，彷彿要進行一場拔河比賽。「愛噴水囉（要噴水了）！」長長的水柱噴向高高佇立的竹竿，張阿祥捕捉到了壯丁團新年消防演習的瞬間畫面。

日本自明治維新以來，積極引進西方的消防制度，因此開始對警察、消防組員等救火人員施予新式消防訓練和教育。日本統治台灣之後，也將現代消防制度引進台灣，採用手壓幫浦、蒸氣幫浦等新式消防器具執行滅火任務，為了讓消防人員熟練使用新式救火器具，有效率地撲滅火災，減少火災之損失和傷亡，因而有施行消防訓練的必要，其中最重要的活動就是每年 12 月至 1 月期間所舉行的新年消防演習，稱為「出初式」。

「出初式」是日本傳統的消防儀式，向來參加和實施新年消防演習的組織都是在台日人組成的消防組，但有些地方並無日本人消防組，比如頭份就是，如有緊急消防救災工作，便由「壯丁團」組成消防隊負責協助，所以他們也要參加消防演練，事實上，不僅是火災消防，各種天然災害、事故等急難協助，都是壯丁團的職責所在，而壯丁團是由各地警察官吏指揮監督，因此畫面上可以看到不少警官正在監看噴水柱的情形。

依照日本的傳統，新年消防演習除了照片所見的操作幫浦演練外，還有一項爬梯子的競技活動，所謂爬梯子，是指消防夫爬上長梯，輕輕地打開雙手，身體呈「大」字形等動作，這是傳承自江戶時代「町火消」於新年消防演習的傳統儀式，常以爬梯子等各種技藝之表演，互相較勁，一爭長短，也成為「出初式」最具有特色的活動。

1940 年代頭份，壯丁團正在舉行「出初式」新年消防演習，兩隊人馬正在對著竹竿進行噴水柱演練。

防衛團

1940
苗栗頭份

這一天是頭份街的重要日子，頭份的菁英全都集合在街役場前，參加防衛團的「結團式」（成立儀式），大家穿著戰時服裝，手臂別上防衛團臂章，一同在此接受防空訓練講習。能加入防衛團的都是一時之選，主要職責在維護地方安全，包括空襲時到各處巡邏、協助搬沙滅火及救護傷患、向民眾宣導救災等。照片上的「第一種防空訓練」，是指由總督府舉辦，第二種為州廳、第三種為郡市街庄，而這天不但是第一種，也是和日本本土一起舉辦的全國性防空訓練。

「現場有百過儕共下翕相（現場有一百多人一起照相），排當久毋會好勢（排很久都排不好），逐儕都做毋得遮到（每個人都不能遮到）！」張阿祥回憶當天的盛況，有警防團、壯丁團、青年團的成員，好幾個組織共同合組防衛團，這些團體的領導人，可都是地方上有名望的仕紳，例如擔任防衛團團長的林為恭（1908-1982），他承繼家業經營南庄和南邦礦業有成，是著名的企業家，光復後進入政壇，曾任頭份鎮長以及第四、五屆苗栗縣長。從照片中站在中央位置，就可知道他在地方上的分量。

而林為恭左邊的黃瑞發（1908-1961）及張炳星（1899-1947）來頭也不小，兩位都曾擔任壯丁團團長及頭份庄協議會員等公職，光復後均活躍於地方政壇。還有朱祥元（1897-1973），曾任大河底公學校校長，並且獲頒日本國八等勳章，自教育界退休後，轉任頭份庄役場職員九年，由於勤奮節儉，購置很多不動產，珊珠湖街上不少土地都為他所有，因此被稱為「珊珠湖大地主」。

至於照片中的頭份街役場，原本是頭份支廳俱樂部，後改為武德殿，為警察人員休閒練武之所；1930 年，附近空地又闢作頭份青年會的菜圃；1935 年大地震後進行「市區改正」，才在此處建街役場。光復後改為頭份鎮公所，1969 年賣給台灣銀行，鎮公所遷移至中山路現址，原本街役場所在地目前為台灣銀行頭份分行。

1940 年 10 月 5 日，頭份街防衛團在街役場前合影。中間最前排站立打深色領結者為林為恭，往左依序為黃瑞發、張炳星；前方蹲坐第三排左 4 為張阿祥，右後為朱祥元。

防諜週間

1940 年代
苗栗頭份

小時候，「保密防諜」經常是學校作文及演講比賽的題目，「保密防諜，人人有責」、「小心隔牆有耳，匪諜就在你身邊」等等口號，透過學校及媒體強力宣傳，深深烙入每個人心中；看到張阿祥的照片才知道，原來早在日本時代就已經流行過這些口號，甚至還用街頭裝置藝術的方式宣傳，令人大開眼界。

照片中嶄新的街道就是剛闢建的頭份新街，象徵國家權威的頭份街役場（鎮公所）及派出所，就位在新街的精華地段。隨著日本侵華戰爭開打，台灣進入戰時體制，各種灌輸國家意識及宣傳戰時政策的標語也經常在街頭出現。張阿祥用不同的角度，拍下正在進行防諜週間（防諜週）的街景，「頭份警察官吏派出所」在路口樹立高大的宣傳牌樓，「防諜週間」四個大字旁邊，依稀可見「防諜是國民義務；一億一心（日本人口一億人）防諜□□」，兩側的標語分別為「不可大意，身旁有間諜」及「掛上一億人的防諜面罩」，上方寫著防諜週實施日期：「自五月十二日至五月十八日」。

另外在派出所前方人行道上，布置了兩組人偶，前方為模擬理髮店的場景，題目為「理髮店的雜談（閒聊）」，理髮師正在替客人理髮，旁邊一位穿西裝揹著白色布條的人，疑似間諜，意思就是在公共場所小心隔牆有耳，不要隨便談論國家機密；人偶後方搭起一片蜘蛛網，上面還有一隻維妙維肖的大蜘蛛，以及一個戴口罩的人像，布條上寫著「有外國的間諜，也有日本的間諜」、「要像戴口罩一樣，每個人都要防諜」。至於再後方的人偶，看似兩人在談論事情，一位大人帶著一群孩子，在圍起來的繩子外觀看。

姑且不論這是日本官方為了特定目的而做的宣傳，以今天的眼光來看，這樣的表現方式還頗有創意，也讓街頭增添不少趣味。

上：1940 年代，頭份新街的防諜週牌樓，路旁還有宣傳人偶：中間、左邊為派出所和宿舍，後方為街役場。

下：改正後的街道兩旁設有現代化的水泥排水溝，右側圍牆內為頭份仕紳黃興生的日式庭院。

本頁圖片取自《照見歷史：頭份老照片集》

健民運動

1940 年代
苗栗頭份

1940 年代,隨著戰局逐漸擴大,各種名義的動員活動也紛紛展開,頭份派出所前的宣傳牌樓,每隔一段時間就會更換新的主題,在附近開設「美影寫場」的張阿祥,也留下不少相關的影像,其中「健民運動週」及「衛生日宣導」的照片,除了呈現日本當局對於全民健康的重視,也看見當時為了達到宣傳效果所採取的特別招術。

1930 年代後期,日本進入戰時體制,同時面臨國內壯丁體位(體格、體力)低下的問題,政府開始思考如何提升壯丁體力,使其成為符合戰爭所需的人力資源,因而有了「健民運動」的推行。為了宣傳,各地時常舉辦「健民運動強調週間」,這張照片是頭份壯丁團的成員身穿「決戰服」,手持日本國旗,在新街的派出所附近整隊,準備進行宣傳活動。

另外還有「衛生日」宣導活動,照片中可見警察們牽著值勤的腳踏車排成一列,還有一群揹著布條的婦女,在隊伍中特別顯目,原本以為這些婦女是負責衛生工作的護理人員,經過張阿祥解釋,才知道是從事花柳業的女性。「這兜係賺食間个細妹仔,做這頭路愛注意衛生!」原來她們是有牌的合法娼妓,日本時代為有效管理娼妓,施行公娼制度,訂定娼妓檢診及治療規則,並開設婦人病院,規定每星期檢診一次。由她們現身提醒大家注意衛生,真是相當有說服力。而由於肺結核高居死亡排行榜榜首,因此健民運動也常以徹底撲滅肺結核與性病為訴求。

除此之外,張阿祥的兒子張松光還記得派出所為了宣導環境衛生,舉辦打蒼蠅換鉛筆的活動,「只要抓五或十隻蒼蠅,放在火柴盒裡,就可以到派出所換一支鉛筆,鉛筆快用完了還可以拿去換新的!」這招果然奏效,派出所的鉛筆供不應求,只是不知環境衛生是否真有改善了。

上:1940 年代,頭份派出所舉辦「健民運動強調週間」活動,壯丁團手持日本國旗參加宣傳遊街。
下:1940 年代的衛生日宣導活動,除了派出所警員外,還動員從事特種行業的女性參加。

本圖取自《照見歷史：頭份老照片集》

青年特別練成所

1944
苗栗南庄

1941年底太平洋戰爭爆發後，日本對殖民地台灣的人力資源需求日益迫切，1944年為配合徵兵制即將實施，台灣總督府針對台灣役男設立了27處「青年特別練成所」，相當於現在的新兵訓練中心，進行為期四個月的軍事訓練。新竹州有兩所，第一所位於今五峰鄉清泉村附近，第二所為這張照片上的大東河，現在是南庄鄉東河村番婆石。

「𠊎係20歲去當兵，因為係第一期，去到該位麼个都無（去到那裡什麼都沒有），暗晡頭睡目（晚上睡覺）蓋草蓆，好在那時五月毋會冷。」現年87歲，家住頭份水流東的陳賡煥，至今仍然每日下田工作，回憶起那段當日本兵的經歷，彷彿又回到了年輕歲月。

那年五月的梅雨下得特別大，往南庄的路無法通行，大卡車只能走到三灣，陳賡煥及其他的三小隊的隊員，分兩段路把布袋和碗扛到營區，「在該位無麼个好食，只有小小粒的飯糰，食毋會飽。」陳賡煥說，那段日子過得很辛苦，日本隊長很兇，要求非常嚴格，不過每個月有十元的月薪，那時一元可買三斤半豬肉，因此算是相當不錯的待遇。

當時一同受訓的共九小隊約三百多人，成員來自台灣各地，另外出身南庄的慈善商人溫送珍，當年也曾經在此受訓。陳賡煥回憶，四個月期間並未接受太多真正的軍事訓練，有一段時間移到竹南崎頂，在木麻黃樹林裡施作機關槍防空壕，之後再回大東河結訓。不久，就接到徵兵召集令，陳賡煥被分發到高雄岡山機場附近的機關槍隊，納入剛從大連調來台灣的日本部隊，之後移到大寮的大林頂，一直到光復後才回到家鄉。

陳賡煥曾經回到當年受訓的地方尋找遺跡，照片中廣大的營區不但不見蹤影，連地形都已經完全改變，只剩照片做為那段歷史的見證。

上：1944年，南庄大東河的新竹州第二青年特別練成所營區俯瞰，三、四百名待役青年列隊在操場上聽訓。

下：第二青年特別練成所成員來自台灣各地，後排左4陳賡煥是頭份人，前排正中是日本隊長，他對屬下要求非常嚴格。

2011 年頭份水流東，陳賡煥在家門前，87 歲高齡的他依舊站得挺拔，現在還每天下田。（黎振君攝）

海軍特別志願兵

1943-44
苗栗頭份

「隔壁作兵个木興哥哥轉來（回來）咧！」四歲的二郎（張松光）高興地喊著，穿著日本水兵服的蘇木興剛受完六個月的訓練，利用元旦放假回來與家人相聚，不久之後就要趕赴南洋戰場，他的爸爸蘇阿金帶著一家老小，祖孫三代一起到張阿祥的相館拍照，沒想到這張照片成為最後一張全家福，木興從此未歸。

1942 年 6 月中途島戰役之後，日軍在太平洋戰線逐漸敗退，在海軍兵員不足的情況下，開始在台灣及朝鮮徵召海軍特別志願兵，1943 年 7 月 17 日，公布「海軍特別志願兵令」，志願兵之基本資格為年滿 17 歲、身高 160 公分甲種體位、思想堅定、行為方正、無精神異常、須修畢六年國校，而且，不能妨礙家計收入者，方能申請。

錄取者以訓練生的資格進入海軍志願兵訓練所，接受六個月基本軍事訓練、三個月海軍專業訓練，再分發編入台灣島內的海軍陸戰隊、海軍航空基地或海外戰地。海軍特別志願兵共徵召六期，其中第一期有一千餘人，其他五期各為兩千餘人，總計達 11,000 餘名。

當時能夠加入陸、海軍特別志願兵，是件無上光榮的事，除了挑選過程非常嚴格之外，特別志願兵屬於正規軍人，代表與內地的日本人擁有平等地位，加上各級政府、民間團體的強力動員，以及報章媒體大力鼓吹宣傳，使得自願從軍成為一股熱潮，尤其 1942 年的第一回陸軍特別志願兵，更有高達 42 萬 6 千人提出申請，但錄取名額只有一千多人，錄取率僅約 0.24%，能夠入選真可說是「男人中的男人」；不過在光環的背後，有著許多不足為外人道的辛酸，以及家人不捨的眼淚，更不幸的，就像照片上的蘇木興，年紀輕輕就在異鄉凋零，當時難捨送別的紀念照，成了永遠傷痛的訣別照。

上：1944 年元旦，海軍志願兵蘇木興在遠赴南洋戰場前，穿著水兵服，與家人合影留念，父親蘇阿金抱著外孫女林淑英坐在正中央，右邊是外孫林輝榮，後排右 1 為蘇燦梅、左 2 為女婿林煌盛、左 3 為小兒子蘇俊興。後來，蘇木興戰死南洋未歸。

左下：另外一張臨別紀念照，蘇木興戴上海軍志願兵軍帽和堂哥蘇鴻勝坐在一起，後排右起是弟弟蘇俊興、堂兄弟蘇彬勝、蘇榮勝，小男孩是張阿祥兒子松光。

右下：1943 年於海軍兵志願者訓練所受訓時的蘇木興。

海軍航空隊

1945
苗栗頭份、三灣

1944、45 年間，太平洋戰爭末期，台灣遭到美軍無休止轟炸，不但居住在城市的民眾往鄉村疏散，日本的部隊和軍事設施也疏散至山區，尤其是在空襲中遭到重創的新竹機場，原本駐守的日本海軍航空隊，往頭份斗換坪及三灣銅鑼圈等地移防，甚至挖了一個大山洞，把所有的軍事設施移到洞裡藏匿，成為地方居民的一段歷史記憶。

當時日本並無獨立的「空軍」軍種，陸軍與海軍各有航空隊的編制，新竹基地創建於 1936 年，是距離中國大陸最近的飛行基地，也是日軍攻擊中國東南沿海的據點，駐有日本陸軍第九師團、海軍航空隊，還有燃料場等設施，由於具有重要的戰略地位，在太平洋戰爭後期，成為美軍轟炸的主要目標之一。

為了躲避轟炸，日本海軍第 13 航空隊往山區疏散，其中一部份駐紮在斗換坪，借用若草國民學校（今斗煥國小）校舍，上圖為一個班的合影，從帽子及臂章上的船錨圖案，可以看出是屬於海軍部隊，手插褲袋的班長配有武士刀，班兵則是持步槍，腰間繫兩個彈匣，年齡大約在十七、八歲。

左下圖的照片地點，是海軍航空隊在三灣銅鑼圈山區所挖設的儲藏洞前，這個儲藏洞不只一個洞口，洞內九彎十八拐，曲徑相通，可說是一個軍事物資的兵工廠，是由日本兵帶領台灣軍伕開鑿而成，工程耗大，當年被動員參與施工的三灣壯丁，都對此印象深刻。

上：1945 年，從新竹機場移防到斗換坪的日本海軍第 13 航空隊官兵，在駐紮的若草國民學校校庭合影。

左下：另一批海軍航空隊疏散到三灣銅鑼圈山區，並動員地方壯丁興建了左邊這座儲藏洞。

中下、右下：1945 年紮營在三灣的日本海軍第 13 航空隊軍官，左邊這位穿著軍官服，配階縫在衣領上，穿皮靴，佩戴武士刀；右邊這位穿著飛行裝、頭戴皮帽及眼罩，擺出英勇的軍人架式，他的手套寫有姓名和軍籍編號。

神風
特攻隊

1945
苗栗三灣

這是一張令人心痛的照片，駐在新竹基地的日本海軍第 13 航空隊，因為躲避美軍空襲而疏散到三灣銅鑼圈山區，其中也包括神風特攻隊的少年飛行兵，「這兜日本兵當後生（這些日本兵很年輕），正（才）十五、六歲就訓練去撞煙囪笒（意指駕機撞船），實在衰過（可憐）！」看著一臉稚氣的年輕生命即將消逝，連拍照的張阿祥都於心不忍。

「神風特攻隊」，是日本第一航空艦隊司令大西瀧治郎中將獨創出來的「死以外無其他選擇餘地」的戰術。「神風」兩字的由來，是 13 世紀元朝忽必烈大汗在位時，兩度兵臨日本，都被颱風瓦解，日本人認為是神所掀起的風拯救了日本，因此稱「神風」。而太平洋戰爭後期，日軍屢敗，1944 年 10 月「台灣空戰」後，更是軍損嚴重，遂編組神風特攻隊，試圖以衝撞敵艦、同歸於盡的自殺式攻擊，來挽救戰局，10 月底，台灣的神風特攻隊成軍，以新高山（玉山）為隊名，稱「新高特別攻擊隊」。

神風特攻隊隊員多從各飛行學校徵募而來，年齡在 14 至 18 歲之間，至於飛行訓練過程，只要能讓飛機順利升空，做爬高、轉彎、俯衝等動作即可；最重要的是「目標衝撞模擬」，即低空掠過海面，衝向敵軍戰艦。這些隊員接受訓練後，交出部分頭髮和指甲，萬一日後遺體下落不明，就當作骨灰交還遺族。

自從採取這種人、機與敵艦共亡的新絕望戰術以來，到戰爭結束為止，日本海軍約 2,500 人、陸軍約 1,800 人的年輕生命，被迫選擇「沒得選擇的死亡之路」，向敵人出擊，消殞在戰火硝煙之中，只留下老照片，見證那一段慘烈的戰爭歲月。

1945 年三灣，神風特攻隊的少年飛行兵（左）與中尉軍官（右）合影。

木匠
下南洋

1940 前後、1941
苗栗頭份

1940 年前後，農曆正月，一群頭份在地的年輕木匠，穿著筆挺西裝，意氣風發地在中港溪畔合影，當時溪邊長滿了林投樹，裡面還有許多野兔。這批木匠在地方上都是業界的菁英，1937 年成立的「新竹州立農士訓練所」（今大成中學前身）就是由他們所建，美麗的校舍，成為頭份地方建築的代表作。1941 年年初，其中兩人和另外幾位木匠再度合照，不過這次大家換上了決戰服，眼神也帶著幾分凝重，這群年輕人準備出發前往海南島，踏上不可知的旅程。

1939 年 2 月，日軍占領海南島，並以此為南進基地，1940 年開始，日軍逐步向南洋地區採取軍事行動，首先占領中南半島，之後向馬來西亞、新加坡、印尼等地進攻，由於亟需種種建設及物資、人力的補充，因此向台灣招募前往海南島的木匠。當時去海南島的薪水，一工（一天）可以拿到六、七元（普通一工才幾角），可以說相當優厚，每次打的契約是六個月，新竹州去的人很多，主要工作是建造登陸小島時使用的船。

雖然待遇優渥，但當地衛生條件差，許多人到海南島大約半個月後，就因水土不服感染痢疾，加上瘟疫流行，導致不少人病死異鄉；尤其太平洋戰爭開打後，南洋的戰事相當激烈，很多期滿回到故鄉的木匠又再度被徵調到南洋當軍屬，這些人當中許多永遠回不了家，成為戰爭的犧牲品。

如今，中港溪畔已看不見林投和野兔，這群木匠建造的美麗校舍，也已消失不見，照片中的人事全非，一切似乎未曾發生過。

上：1940 年前後，一群頭份木匠在中港溪畔合影，左 3 為陳雲漢、右 3 陳坤海、右 4 倪成彬。
下：1941 年 1 月 8 日，頭份木匠去海南島前合影，前排左起：林阿貴、彭阿達、陳坤海，後右 1 倪成彬。

渡海南島紀念
昭和十六年一月八日

1945 年，台灣改朝換代，台灣從日本子民，變回中國人，各方面變化都相當劇烈，張阿祥拍下頭份地區待遣返的日本軍人，也拍下成為國軍的弟弟，還有校名仍為日本名的國校、大成中學創校等紀念照。

而因為光復初期，經濟蕭條，為了尋找機會，張阿祥到基隆和友人合開「美華照相館」，拍攝日僑遣送以及國軍接收過程，見證了歷史性的時刻。1947 年，二二八事件爆發，時局動盪，便又返回珊珠湖繼續經營珊瑚照相館。

1949 年前後，中國軍民隨國民政府來台，斗煥坪營區設立，張阿祥拍了許多國軍的「台灣紀念」照，記錄了當年「外省兵」以為很快就可以回大陸的心情；而軍民之間從陌生到融洽的活動場面、罕見的「嫁外省人」婚禮，更為這段變動與調適的年代，留下真實動人的顯影。

莎喲拉那

1945
苗栗頭份

1945 年，日本戰敗後，原本居於殖民者地位的日人，成了敗戰的戰俘及日僑，台灣則重回中國的領土，不過對一般百姓來說，長期與日本人生活在一起，也共同經歷了戰爭的艱難時刻，多少都會產生感情，像是張阿祥因為拍照的工作，接觸不少日本軍人，之後有些結為好友，戰後這些日人即將被遣返，想到這一離開不知何時再見，不禁讓人感傷起來。

其實戰後初期，在台日人多數都希望繼續在台灣居留，想歸國者並不多，直到國民政府接收後，由於台灣人的對日情感與態度漸趨轉變，對日人的報復行動增多，治安惡化；加上政府禁止日人買賣不動產，連動產買賣也原則上禁止，而食米等民生物資的物價卻開始暴漲，除了少數被公署、學校徵用的日人有固定收入外，其餘都沒有收入來源，只能外出勞動或把家當拿出去變賣，以維持生計。但坐吃山空，總非長久之計，於是希望回日本本國的「日僑」人數日益增多。

依據 11 月 1 日調查，總日僑人數 32 萬人中，約有 14 萬人志願留台，志願歸國者則有 18 萬人；到了 12 月，處境更形惡化，大多數都希望回國了。至 1947 年發生二二八事件後，不但日人萌生「不如歸去」之感，國民政府為及早去除日人對台灣的影響，也決定立即遣返日人，最後一批日僑在該年 4 月 28 日告別台灣。

在遣返作業中，成為戰俘身分的在台日軍最早回國，「後藤愛轉日本去个時節，倻有送佢去新竹車站坐車。」張阿祥還記得這位後藤兵曹長，當時他在日本海軍工廠當主任，另外還有一位名叫山本登的海軍士兵，留下了日本四國老家的地址，希望日後能夠保持聯繫。但是隨著時光飛逝，這段歷史逐漸被淡忘，這些日本友人回去後究竟情況如何？現在是否仍然建在？已無從得知了。

左：1945 年頭份，日本海軍工廠後藤兵曹長離台前攝影留念，張阿祥在照片上方寫著「何時再見」。
右：海軍士兵山本登與張阿祥結為好友，並留下日本地址以保持聯絡。

山本登君

「見再見何時」曹長兵後藤

告別台灣

1946
台中

二次大戰結束，讓台灣脫離日本殖民統治，但是國民政府接收台灣後，並未帶來和平的日子，因為國共內戰，台灣的年輕人再度被送往中國戰場，捲入一場又一場莫名其妙的戰役，許多人成為戰爭的炮灰，僥倖逃過一劫的，卻又成了回不了家的異鄉人，張阿祥的弟弟張阿維，就是這樣的例子，這二張他當年寄回家的照片，是他離開台灣前留給家人的僅有信物。

1945 年 10 月 17 日，台灣省警備總部參謀長柯遠芬率領國軍第 70 軍主力部隊從基隆登陸，分駐苗栗以北和宜蘭羅東一帶的北台灣。1946 年 6 月該軍奉命整編，並開始招募台灣兵，以學說國語（北京話）、每月領薪餉、退伍安排就業等手段，利誘和欺騙台灣青年，前後約有一萬多人加入國軍。當時張阿維在哥哥張阿祥的鼓勵下，加入部隊，當年底隨著部隊前往徐州，從此失去音訊，生死不明，成為張阿祥心中難以抹滅的歉疚。

由於光復之初社會尚未復原，謀生不易，許多來自鄉村或山區的年輕人，懷抱夢想，希望透過從軍向外開創一片天，沒想到竟從此回不了家。根據許多當事人的口述資料，當得知即將被送往中國戰場，大家都想辦法逃跑，卻被手腳捆綁送上火車，直接載到基隆港上船，航向未知的戰場。這支毫無向心力的部隊，一到戰場很快就被擊潰，並被納編到解放軍，反過來打國軍，一場荒謬的戰爭，加上命運的作弄，這群來自南方島嶼的年輕生命，從此留在中國四處流浪。

相隔三、四十年後，張阿祥從收音機裡聽到了張阿維的名字，讓他燃起一線希望，透過各種管道，終於聯絡上遠在四川的弟弟，並在 1990 年前往探親，「我老弟在四川宜賓做警察，他的子孫全部發展當好！」張阿祥拿出他去探親的照片，以及張阿維近期的全家福，看到弟弟最後有了美滿的家庭和事業，終於讓他放下心中的重擔。

後記：就在撰稿期間，張阿維於今年（2011）6 月 20 日於四川逝世，享年 94 歲。

上：1946 年 4 月 26 日台中公園，陸軍第 70 軍第 75 師第 225 團第 3 營迫擊砲排全體官兵紀念照，後排左 2 以筆圈起者即張阿維。（張阿祥收藏）
下：1946 年張阿祥弟張阿維加入國軍部隊時留影。

念紀影撮體全兵官軍次七中公尾院就排一第組三第巴伊二第軍七十第軍命革

接收台灣

1947
基隆

光復後的基隆港，是各路人馬交會之地，接收台灣的中國軍隊由此上岸，又把台灣的年輕人送往中國戰場；戰敗的日本人，則是成了戰俘與「日僑」，落寞地搭船返回殘破的家鄉，小小的港都，上演著生離死別的戲碼。就在這交替的時刻，張阿祥與同年林祊湖來到了基隆，開設「美華照相館」，拍了許多照片，可惜的是，有關日人遣返作業的照片，沒有被保存下來，只留下當時負責接收台灣的中國警察照片，成了時代的見證。

早在日本投降的前一年，國民黨中央設計局就已經成立「台灣調查委員會」，並開辦各類專職訓練班，如台灣行政幹部訓練班、台灣警察幹部訓練班、台灣銀行幹部訓練班等，先後培訓了千餘人，成為日後接收台灣的骨幹。

從上圖可以看到當時警察的各種制服款式，分別代表不同的官階及任務。最左邊的腰間佩有手槍，並繫上整排子彈，腳上套著長筒軍靴，屬於武裝警察。他旁邊是唯一沒戴警帽的，穿著風衣戴著墨鏡，官階應該在分局長以上，其他幾位則身著黑色或卡其色制服，可以想見當時接收台灣的業務繁雜，警察身兼多職，具有多樣身分。

下面兩張在派出所前拍的員警照片，最特別的是槍枝竟是用繩子綁在胸前，造型也相當復古，好像玩具槍一樣；旁邊的腳踏車則是警員值勤時的交通工具，與今日警察的裝備不可同日而語。

上：1947 年春節，接收台灣的中國警察於基隆市第二分局前合影。
左下、右下：基隆市警察局的警察，持手槍於派出所前留影。

基隆市第一分局中山四路派出所

到此一遊

1947
基隆

1947 年初，張阿祥來到基隆的第一個農曆新年，與他合夥開相館的同年林礽湖已經回關西老家，只留下張阿祥一人守著相館，畢竟過年可是生意最好的時候。多雨的基隆，難得露出溫暖的冬陽，張阿祥獨自揹著照相器材，坐船到當時最熱門的觀光景點仙洞巖，為來此一遊的觀光客拍照留念。

仙洞巖是一個大型海蝕洞穴，洞中有洞，早在清代就以「仙洞聽濤」名列「基隆八景」，洞內有官吏和文人墨客的題字和代明宮、觀音亭，日本時代初期立「辨財天神」；光復後，洞壁內雕刻了許多佛像，刻工精美，法相莊嚴，吸引許多遊客前來。

「這係大陸過來个警察，第一批來接收台灣个警察！」張阿祥拍了許多當年來台警察的照片。這些初到台灣的中國警察，對於寶島充滿好奇，利用過年來此拍照，做為到台灣一遊的紀念。從照片中可見，當時警察的裝扮類似軍裝，頭戴大盤帽，腳穿長筒皮靴，充滿威權的象徵，不像後來的警察制服比較親民。

除了中國的武裝警察外，也有許多台籍警察來此觀光拍紀念照，從他們身上所穿的中山服，可以清楚看到已經改朝換代；雖然換了政府，也換了制服，但是警察的本質依舊不變，無論日本或中國，警察都是國家機器控制人民的工具，尤其是在那個政權更迭、社會動盪的時代。

左：1947 年春節，第一批接收台灣的中國警察到基隆仙洞巖遊玩的紀念照。
右：台籍警察穿著中山裝制服，於仙洞巖的佛雕前拍照留念。

過渡

1940 年代
苗栗南庄

「阿爸轉來咧！」

1945 年 8 月 15 日中午 12 點，收音機傳來日本天皇的「玉音放送」，正式宣布無條件投降，一場血腥的戰爭終於結束，被日本殖民五十年的台灣，再度成為中國的一部分；不過在政權交替之初，大家還是照著以前的習慣過日子，一下子要從「日本人」變成「中國人」，當中不免有許多認同上的的矛盾與困惑。

位在南庄鄉員林村的黃阿祥一家人，光復後終於全家再度團聚，男人們從戰場歷劫歸來，大家盛裝打扮，神情嚴肅地在家門前合影留念。看他們的穿著，有的是洋服西裝，有的是中式斜襟衫，也有的穿日式浴袍及國民服，讓人有時空錯亂之感。而客廳門楣上的姓氏堂號，因為之前的皇民化運動遭到禁止，改成日式的名牌掛在門旁，光復之初依然尚未恢復；顯然，在這段過渡時期，一切都還在調整中⋯⋯。

光復初期，南庄的黃阿祥家族紀念照，左 1 抱著小孩的是黃阿祥，前右 3 穿著厚重大衣卻沒穿長褲的小男孩是黃雙朋。

流亡台灣

1950
苗栗頭份

1949 年底，國共內戰激烈化，國民黨軍隊在中國大陸全面潰敗，大批軍民撤退到台灣，光是 1949 年到 1950 年的大逃亡，就湧進了一百萬的流亡軍民，國民政府將台灣視為「復興基地」，「反共復國」的時代從此開始。

1950 年春節，是這群流亡台灣的部隊官兵第一次在異鄉過新年，這支番號為陸軍 50 軍 36 師 106 團的部隊，是在 1949 年 10 月從海南島撤退到台灣，之後移防到苗栗頭份斗煥坪、三灣銅鑼圈及新竹峨眉富興一帶。

上圖的地點是在頭份珊珠湖的太陽宮，這群流亡台灣的中國官兵，身穿北方的大棉襖，儘管亞熱帶台灣的平地不下雪，但是當寒流來襲，強烈東北季風吹來，還是讓這群北方壯漢全身上下包得密不透風。左下這張是 106 團補給組官兵在斗煥國校（今斗煥國小）的合照，一身皺褶的棉大衣與軍帽、老舊的綁腿布，與之前同樣駐紮這裡的日本軍隊相比，裝束的確相差許多。

「這個部隊是山東來的，軍紀非常好，不會亂來。」張阿祥的兒子張松光還記得，當時 106 團的團長叫黃毓俊，即右下照片坐著的那位，部隊剛到斗煥坪時，底下有一個阿兵哥偷砍民家的竹子，結果黃毓俊竟然將那個阿兵哥槍斃處決，這個舉動儘管不近人情，卻很快贏得民心，也為日後和諧的軍民關係打下基礎。

上：1950 年 2 月 1 日，陸軍 50 軍 36 師 106 團第 8 連全體官兵於珊珠湖太陽宮前合影留念。
左下：1950 年春節，陸軍第 36 師 106 團補給組全體官兵合影紀念。
右下：治軍嚴苛的陸軍第 36 師 106 團團長黃毓俊（右坐者）。

陸軍五十軍三十六師一零六團第八連於整編全体官兵分襟留影39.2.1

陸軍第三十六師一零六團補給組灤況三十九年春節全體官兵攝影紀念

本圖取自《照見歷史：頭份老照片集》P216

台灣紀念

1950
苗栗頭份

1950 年,國民政府撤退到台灣後的第一個春節,張阿祥位在頭份珊珠湖的相館,第一次有這麼多人來照相,矮小的房子裡,擠滿了要拍照的中國兵,讓張阿祥倍感壓力。這群駐紮在頭份斗煥坪的 106 團官兵,趁著春節假期,相約到相館拍照留念,後來人實在太多了,張阿祥索性請大家到附近的中港溪畔外拍,以台灣的美麗風光當背景,好讓他們做為反攻大陸回家鄉之後的紀念。

這群來自大江南北的中國兵,因緣際會下來到台灣,當時並無久留的打算,因為政府告訴他們,很快就可以反攻大陸,重回家園與家人團聚,因此大家抱著到台灣一遊的心情,做為軍旅生涯的一段紀念。

上面這張是七位弟兄身穿棉襖,頂著光頭,胸前的兵籍號碼條顯得有些粗糙,臉上也少了年輕人該有的活力;左下是兩位同袍合影,頭戴別有國民黨黨徽的軍帽,黨徽下方有一顆鈕扣,造型相當特別,右邊這位口袋還插著兩枝筆,頗有文人氣質。張阿祥的兒子張松光回憶起,部隊的阿兵哥曾經教他讀書寫字,素質相當高。右下是溪邊外拍的照片,從肩上的階級章可以看出是一群軍官,可能有人因為調動或退役即將離開珊珠湖,大家特別為他送行。

對於初到台灣的中國官兵來說,南方島嶼的熱帶風情和豐盛物產,總讓他們感到新奇,不過他們萬萬沒想到,命運的作弄,讓他們從此回不了家,照片中的異鄉竟成了新故鄉。

上:1950 年頭份珊珠湖,剛從中國撤退到台灣的部隊弟兄,春節時一同到張阿祥的相館合影留念。
左下:1950 年春節,兩位軍中同袍一起合影,做為台灣之行的紀念。
右下:1950 年 3 月 25 日,一群中國軍官在中港溪畔合影留念。

三月九青年節

攝於台灣

軍民一體

1950 年代
苗栗頭份

「各位鄉親父老，歡迎來參加春節軍民聯歡活動，有精彩的舞龍表演，請大家踴躍前往觀賞！」

駐紮在頭份斗煥國校的國軍第 36 師 106 團部隊，為了拉近與當地民眾的距離，特別和鎮公所共同舉辦光復以來第一次的軍民迎春活動，鎮公所贈送軍方「紀律嚴明」、「軍民一體」、「軍民同樂」、「民之權利」的布條和錦旗，掛在竹竿上，大的兩人扛著，小的單人舉著，從頭份珊珠湖的街上浩浩蕩蕩地出發。

當時一般人對中國兵並沒有好感，加上部隊才剛到這裡，文化及語言的差異，使得彼此產生隔閡，因此這第一次的迎春活動，除了帶頭的頭份鎮長徐欽喜、省府參議張子斌，以及民眾代表古漢之外，參加的民眾並不多。

經過一段時日的相處，大家對中國兵的印象漸漸改觀，這是因為 106 團軍紀相當好，沒有發生擾民的事件，而且部隊素質很高，逐步得到民眾的讚賞與信任，甚至結為好友，從下面這張珊珠湖蕭阿乾一家人與阿兵哥合影的照片，可以看出軍民關係愈來愈密切，彼此還勾肩搭背，媽媽抱著嬰兒，也不再害怕阿兵哥，感情十分融洽。

1952 年，軍方開始興建斗煥坪營區，1954 年落成後，營區也帶來地方的發展，附近商店林立，市街一片繁榮景象，像是張阿祥的相館，除了拍照之外，後來還兼賣軍用品以增加收入；另外，融合客家與外省口味的水餃店，更是成為斗煥坪的地方特色小吃，「軍民一體」不再是口號，而是生活中自然形成的結果。

上：1950 年，頭份第一次舉辦春節軍民迎春活動，軍民在鎮公所贈與「軍民一體」、「紀律嚴明」的錦旗前合影留念。

下：1950 年代，斗煥坪營區的阿兵哥與珊珠湖蕭阿乾全家合影。前排左 2 與左 3 為蕭阿乾夫婦，左 1 為蕭阿乾妹妹蕭秋美。

歡迎六○一團六十三師蒞臨造橋分鎮徐鎮長張參議及民眾代表留影紀念 33.2.21

本圖取自《照見歷史：頭份老照片集》

嫁外省人

1940 年代
苗栗頭份

這是一場沒有親人祝福的婚禮，抗戰勝利後從青年軍復員來台教書的「外省仔」，迎娶台灣本地女孩，這在當時可是不得了的事，結婚照裡少了家人的身影，只有新郎的幾位軍中好友及學校同事和妻眷前來祝賀，捧著花束的新娘顯得格外孤單；這對新人算是開風氣之先，他們的結合，象徵了台灣族群融合的新時代。

照片中的新郎是張松光的小學老師羅盛森，當時因為學校缺少懂國語的師資，羅盛森及劉環偉、陳立奎三人，在大陸杭州師範學校接受一年訓練後，派來頭份擔任教職，其中羅盛森被安排到斗煥國校擔任老師，還配有接收日產而來的宿舍，在政府特意照顧下，退役軍人享有特殊的福利。

「那時候嫁給外省人是一件大事情，很多人會在背後指點。」在張松光的記憶中，羅盛森老師算是很早娶台灣老婆，當時一般台灣民眾對所謂的「外省人」有許多負面印象，一方面他們從外地逃難過來，身世不明，無法信任，另一方面二二八事件使得省籍衝突加深，本省人與外省人壁壘分明，因此如果有台灣女子嫁給外省人，通常會被認為是不榮譽的事，甚至從此與家人斷絕關係。

而對於生活在傳統禮教束縛下的台灣女子來說，嫁給外省人是脫離家族約束、追尋自由人生的管道之一，例如童養媳不願接受被安排的婚姻，或是嫁入農家忍受一輩子做不完的農事，因此台灣女子與外省男性私奔的愛情故事時有所聞。

後來，隨著彼此更多的相處與瞭解，大家逐漸發現嫁給外省人不但待遇好、吃得好，而且外省老公普遍疼愛老婆和小孩，還會下廚做家鄉料理，做妻子的又不用面對緊張的婆媳關係，再加上這群異鄉人開始把台灣當作生根之地，因此通婚的情況愈來愈稀鬆平常，也孕育了台灣特殊時空下的眷村文化。

1940 年代，來自大陸的斗煥國校羅盛森老師和本地女子溫秀英的結婚照，二排左 1 為頭份名畫家曾石欽，左 5 為劉環偉；右 2 為陳立奎，右 4 為林香江，背景為當時配給老師的日式宿舍。

若草國校

1946-47
苗栗頭份

這是光復初期的斗煥國小，校名「若草」還可清楚嗅出濃濃日本味[1]，1945 年日本戰敗投降後，國民政府接收學校，最初校名未改，直到 1947 年 2 月 1 日，才改名「斗煥國民學校」，但課本早就隨著政權更替，從原本使用日語上課，轉換成用國語（北京話）上課，無論對老師或學生來說，都是極為辛苦的適應過程，也經歷許多煎熬與掙扎。

「來來來，來上學。去去去，去遊戲。」光復第一年即進入若草國校就讀的張松光，還記得當時的課本字很大，內容很簡單，所有教材都是臨時的；老師們沒學過ㄅㄆㄇ，也不會講北京話，先參加短期講習惡補一下，上完課就來教學生。另外，在師資缺乏的情況下，有很多沒有師範畢業的代用教員，使得當時的教育無法銜接，相當混亂。不只是教材與師資問題，學生情況也很紊亂，例如學區不明確，要讀就讀，不讀就不來，入學年齡也不一樣，一個班有大有小，服裝五花八門，唯一相同的就是大家幾乎都打赤腳。

「頭擺日本人用第幾回修了，光復以後就用第幾屆畢業。」張阿祥指著寫在照片上的字，改朝換代，不僅語言文字改變，學校制度也不同，若草國校光復後第一年畢業期還是照日本學制在三月中，到了第二年畢業就改為七月中，至於教育內容更是徹頭徹尾的大改變，從原本皇民化的教育，灌輸大家成為日本天皇子民，變成「大中國意識」下的反共愛國教育。

1. 若草國校原本是斗煥坪公學校，1941 年全台公學校改制國民學校時，日籍校長大野登志一改名。

上：1946 年 3 月 18 日，若草國校光復後第一屆畢業生紀念照，前排中間坐著的男士是校長林錦源，右為邱櫻梅老師。

下：1947 年 6 月 30 日，斗煥國校（照片題字為斗煥坪國校）畢業紀念合影。第二排老師左起：邱合梅、曾六妹、王老師（外省人）、林錦樑、黎維國、范老師、邱櫻梅、林錦源（校長）、游雲月、林香江、練金蘭、陳菱芳、曾華木。

若草國民學校光復第一回畢業
民國三十五年三月十八日

斗換坪國民學校民國三十五年度畢業紀念
民國三十六年六月 旨東智

大成中學

1946、1950 前後
苗栗頭份

在還沒有公立學校的年代，民間興學自古以來，都是地方仕紳回饋鄉里最大的義舉，尤其在頭份斗煥坪地區，文風鼎盛，早有傳承，因此在光復後隔年，便立刻成立頭份第一所中學——大成中學，這項義舉不僅嘉惠地方子弟，也使得斗煥坪成為當時苗栗的文教重鎮。

日本時代，頭份子弟可升上中等學校的機會微乎其微，光復後，斗煥坪的農士訓練所房舍曠廢未用，關心教育的地方仕紳便共同催生大成中學，由首屆董事長黃興生撥墊私款購得農士訓練所為校址，並聘請日本東京帝大畢業、專研教育的賴順生為校長（之後當選第一屆苗栗縣長，由鍾萬選接任校長），第一年招收新生三班（男子兩班110人，女生一班39人），9月9日正式上課，大成中學於焉誕生。

難能可貴的是，創校當初擬以「義塾」方式嘉惠地方子弟，學費比照公立學校，經費不敷時，黃興生董事長即予撥補，並減免清寒生學費或給予獎學金，直到財力無法繼續負擔為止。後來，頭份黃家受到三七五減租政策影響，收益大減，便由林為恭接任董事長一職。

創校之初，為了延攬最好的師資，高薪聘請各界菁英，包括多位剛從中國來台的優秀老師，後來多到大學或明星高中任教，例如作家沈櫻（本名陳瑛）在此任教七年，之後才到北一女。另外還有作家李喬（本名李能棋）、江上（本名江文雙）、畫家曾石欽、音樂教育家林樹興，以及客家研究先驅陳運棟等人，陳運棟並擔任校長十年之久；這群年輕又充滿理想的老師，開創了大成的黃金時代，孕育了無數人才。

隨著教育制度和社會的變遷，私立學校的經營日漸困難，大成中學也歷經多次的挑戰與轉型，不過在頭份人的心中，永遠感念當年創校先賢的高瞻遠矚，因為他們無私的付出，讓頭份開出燦爛的藝文花朵。

上：大成中學創校初期的學生生活照。

左下：1946 年創校時的大成中學校舍，其前身為日本時代的新竹州立農士訓練所。

右下：1950 年前後的大成中學全體老師合影。前排左起：陳彩雲（音樂）、陳瑛（國文，筆名沈櫻）、簡清泉（數學）、林為恭（董事長）、賴順生（校長）、鍾萬選（英文）、古關璉、蘇春富（博物科兼教導主任）；二排左起：徐耀暄、朱樹錦（國文）、呂榮泉，右起：鍾雲彩、黃金江、韓篤生、孫欽；後排左起：林煌盛、張潔民，左 4 劉松榮、左 5 黃瓊朗，右起：梁德昌、張漢維、李梅玉。

1950 年代，土地改革與地方自治的實施，以及美國的經濟援助，讓社會漸趨穩定，經濟情況也大幅改善。此時期，苗栗地區開始大量開採煤礦，地方上也出現許多新的機構與設施，包括學校、戲院、郵局、水庫，以及雨後春筍般成立的洋裁班，此外還有第一批補充兵入伍、拍第一張身分證大頭照等等，這些，都定格在張阿祥的鏡頭裡。

除了地方上的發展，張阿祥也拍下家族祖墳落成的重要時刻，和家人、鄰里、地方名人的身影。從 1945 年開業一直到 2002 年歇業為止，張阿祥的珊瑚照相館，為鄉親服務了將近 60 年；只要翻開他的老相簿，大家一路走來的時代流轉和熟悉的臉龐，就會在眼前一一重現。

放學後

1950 年代
苗栗頭份

在電視還沒有出現、孩子們都還是打赤腳的年代,下課後的他們,都在做些什麼呢?

「這些都是我小時候的鄰居,從小一起玩的同伴!」張阿祥的兒子張松光,興奮地指著照片中一張張純真的臉孔,這群大大小小的孩子,放學後總會玩在一起,尤其大的孩子,回到家後必須負起照顧弟妹的責任,卻又想要和同伴玩,因此出現了哥哥抱弟弟、姊姊揹妹妹一起玩的畫面。

下課後,這群孩子尤其喜歡跟在張阿祥的後面,因為每當附近營區的阿兵哥來相館拍照,張阿祥總喜歡吆喝大家一起到河邊拍,這對當時沒有什麼娛樂的孩子們來說,真是既新鮮又興奮的經驗,阿兵哥也很喜歡和孩子們一起玩,偶爾還讓小孩戴上軍帽過過癮,仔細看,上圖後排的小男孩戴上高高的軍帽,神情既滿足又神氣。就這樣,張阿祥的相簿中留下許多孩子們快樂的合影。

隨著電視普及和課業日漸沉重,孩子們放學後愈來愈少時間和鄰居一起玩,現在已經很難看到孩子們在外頭一起玩跳繩、踢毽子的身影,雖然物質生活富裕了,孩子的童年卻未必比以前快樂;至於照片裡的孩子們,有些後來當了校長及老師,有些成了商業大賈,也有些早已作古,不過鏡頭下他們純真的笑容,令人懷念起那個沒有電視的年代。

上:1950 年代珊珠湖中港溪畔,這是沒有電視的年代,孩子們放學後一邊幫忙照顧弟妹,一邊和鄰居玩耍。

下:1950 年代,村莊的孩子們赤腳合影於珊珠湖中港溪畔。張阿祥的兒子張松光(後排右 3)、張盛光(後排右 5)、張煥光(前後左 2),及幼女張瑞瑾(前排中間最矮小者)都在行列中。

第一擺照身分證相片

1954
苗栗三灣、南庄

可別以為這是在拍團體照，這是在拍攝台灣有史以來第一次的身分證照片。

光復初期雖有身分證，但沒有貼照片，直到 1954 年 7 月 1 日，台灣第一次全面換發身分證時，才規定要有照片。為了拍攝身分證上的照片，地方政府調查區內所有村里後，邀集幾家相館一同分配負責的區域，張阿祥與同年胡裕祥繼望鄉山的合作之後，再度聯手接下這份艱鉅的工作，在那攝影尚未普及、技術尚未成熟的年代，為了拍攝身分證照片，張阿祥與胡裕祥扛著沉重的裝備，「出張」（出差，日本時代沿襲下來的用語）到頭份、三灣、南庄及北埔的鄉間外拍，留下珍貴的歷史影像。

此次任務的難度真是不輸望鄉山，光是拍照地點就是大學問，尤其是在山區的聚落，有時很難找到平坦的地方，例如照片中的地點是在里長家附近的一處河邊，用幾支竹竿搭起簡易的布幕，攝影師則是打赤腳站到河裡拍照，相當辛苦。

除了場地之外，拍照過程也相當複雜，「當時還係用玻璃片，一擺愛拍六儕，大家照號碼排列。」張阿祥解釋著玻璃片的拍法，每個人拍照前先寫自己的姓名，然後依照號碼坐成一排，由於一張 6 吋底片要拍 24 個人，每次按快門時只拍六個人，未曝光部分要遮起來，拍完後再換下一批人，而且這六個人的身高還要差不多，省得還要一個個調整鏡頭高低，整個過程真是土法煉鋼，不過對山區居民來說，許多人是第一次看到照相機，也是第一次被拍照，大人小孩全跑來看熱鬧，大家都感到非常新鮮有趣。

這些拍好的照片並沒有給當事人，而是直接交給鄉鎮公所。等到第二次換發身分證，已是 1965 年的事，十年間的進步已不可同日而語，如今大家直接到相館拍大頭照，雖不需要繁雜的手續，卻也少了全村一起拍照的趣味。

1954 年台灣第一次全面換發身分證，張阿祥和好友胡裕祥出張到鄉間拍攝身分證相片，當時拍照設備相當簡易，在河邊搭起布幕，由公所人員根據身高編號，一次六個人成排坐著拍照，對大家來說都是相當新鮮的經驗。

西河水庫

1951
苗栗三灣

1950 年 6 月，韓戰爆發，美國為圍堵共產勢力，台灣的戰略地位立刻受到重視，並從此改變台灣的命運，大量的美援[1]物資及經濟援助，成了當時台灣最重要的財政來源，苗栗縣第一座水庫——西河水庫，在任職省參議員的苗栗政壇名人林為恭的積極爭取與美援支持下，於韓戰隔年落成啟用。

西河水庫位在峨眉溪下游的銅鑼圈，也就是銅鑼圈糖廠及月眉吊橋附近，總經費 150 萬元台幣，興建完成後調節水源，灌溉農田達兩千公頃。另外在水庫閘門上，用鋼筋水泥建了一座峨眉橋取代月眉吊橋，除了水利，又便於交通運輸，具有雙重功能的建築，在當時可說是相當新穎的設計。

落成典禮當天，由當時的台灣省府主席吳國楨親臨剪綵，現場高官及賓客雲集，張阿祥與好友林占梅一同接下拍攝工作，一個人拍前面，一個人拍後面，好像記者採訪一般，為這件地方大事留下歷史紀錄。此外，張阿祥當天還特別拍了一張新舊交替的照片，把新式的峨眉橋與傳統的月眉吊橋放在同一個畫面上，相當具有意義。

月眉吊橋建於 1929 年，橋面除了木板外另有鐵軌，可供人力台車行駛，載運煤礦，是當時南庄、三灣通往頭份必經的橋樑，新的峨眉橋完工後，月眉吊橋也功成身退。至於西河壩，則是在上游的大埔水庫興建後，於 1986 年拆除；如今峨眉橋仍在，月眉吊橋雖然只剩下兩岸吊鋼索的橋柱，在地方政府整修下，已成為三灣鄉的入口地標。

1. 1951 年，美國國會通過共同安全法案，開始對台灣提供經濟援助，1965 年終止，15 年間共提供將近 15 億美元的援助，對當時台灣經濟具有舉足輕重的影響。

上：1951 年 12 月 15 日，苗栗縣第一座水庫——西河水庫竣工落成，此為西河壩與峨眉橋全景。
下：水庫落成當天，張阿祥以舊月眉吊橋為前景，拍下簇新的峨眉橋和水壩。

面河水庫峨嵋河蠣橋全景

民國四十年十二月十五日後工

現在的峨眉溪及峨眉橋，前方鐵橋為月眉吊橋遺址。（黎振君攝，2011）

斗換坪郵局

1959
苗栗頭份

1959 年元旦，在地方人士引頸期盼下，斗煥坪終於有了第一家郵局，對於這個小聚落來說，設立郵局可說是地方上的大事，除了因應居民的需要，也是市街繁榮的象徵。

斗換坪自古就是進出內山地區的入口，早在 1805 年（清嘉慶 10 年）就在此設立「漢番交易所」，是斗換坪地名的由來，即倒換、對換之地；光復後，改「換」為「煥」，不過在老照片上，仍寫舊名的換。1954 年，陸軍斗煥坪營區設立後，帶動整個地區繁榮，加上原有的斗煥國校及大成中學兩所學校，以及之後成立的興華中學，使得斗煥坪成為頭份的文教重地，郵局的成立，滿足了地方發展的需求。

不過開幕當天，只有簡單的開幕典禮，現場並沒有各方送來的慶賀花圈，也沒有大量湧進的人潮，只在門口放一張寫著「祝斗換坪郵局開幕典禮」的紙牌，門口上方懸掛的萬國旗，有許多還是台灣的邦交國；二樓成排的鐵窗，顯示當時已有治安問題，一旁的木頭電線桿及腳踏車，令人發思古幽情；最顯眼的是右邊的大郵筒，造型十分古典，上面寫著「匪諜自首，不究既往」，呈現當時政治上封閉緊縮的氣氛。

典禮結束後，與會者在門口合照，當天出席的除了頭份郵局局長林運明之外，還有當時的頭份鎮長張鼎興（左 4 中坐者），大家都正襟危坐，只有他翹起一隻腳，神情自若，連任兩屆鎮長的張鼎興，平常總是一襲布衣、一雙布鞋，騎著腳踏車到處巡視，為民服務的身影，至今仍讓許多老一輩的鎮民懷念。另外還有穿著軍服的軍方代表，當時幾乎所有官方活動，都一定得邀軍方出席，尤其斗煥坪營區設立在此，軍人擁有相當大的影響力。

隨著時代變遷，郵局換了新地點，也有了新的建築，儘管陸軍營區帶來的盛況不再，投入郵筒的信件也愈來愈少，不過斗換坪郵局依舊是當地最重要，也是唯一的金融中心。

1959 年元旦，斗換坪郵局成立紀念照。前排右 1 為頭份郵局局長林運明，左 3 起依序為曾坤玉、頭份鎮長張鼎興、黃徐欽、蘇連慶；後排左 1 為林志龍。

斗換坪郵局成立紀念民國四十八年元旦

新高戲院

1950
苗栗頭份

這兩張照片，讓人想起一部義大利電影《新天堂樂園》。

電影描述西西里島小鎮的一家戲院，在二次大戰後百廢待舉的年代，為當地居民帶來許多歡笑與回憶；類似的情節也在地球的另一端上演，位在頭份珊珠湖的「新高戲院」，就扮演著同樣的角色，並且見證了台灣內台歌仔戲的黃金時期。

新高戲院創立於 1950 年，是愛看戲、愛看電影的頭份中醫溫金盛和友人合夥開設的，建築帶有歐式風格，呈現出高雅的藝術氣息，在當時可說是開風氣之先，也為沉悶的村莊帶來新的氣象。開幕當天，人潮不斷，大家扶老攜幼前來一睹戲院的豪華氣派，開幕首演是「華美歌劇團」，從布條上寫著的「馳名全省，到處狂滿，中興戲院贈」，可以想見劇團受歡迎的程度。

據統計，當時全台歌仔戲職業劇團超過五百團，大部分在戲院內演出，而且規模都相當龐大，團員多在 30 至 60 人之間，戲班在各地巡迴演出時，每到一地，少說五天十天，賣座好的可以演到一個月以上。除了過年之外，幾乎天天演出，真可說是盛況空前。

「那時候看完戲還有抽獎，最好的獎品是梳妝台！」張阿祥的兒子張松光回憶當年的盛況說，許多住在山區的居民都特地跑出來看戲，尤其是煤礦興盛時期，礦工放工後需要娛樂調劑，珊珠湖不但有戲院，還有好幾間酒家，像是張阿祥相館的隔壁，就是萬里紅酒家。1960 年，新高戲院因故贈與頭份天主堂，成為珊瑚天主堂；1970 年 9 月，芙安颱風來襲，洪水造成移山，整座建築被埋入土堆，從此走進歷史。

多年後，溫金盛的孫女溫知儀，繼承阿公對電影等表演藝術的熱愛，成為傑出的電影創作者。有一天意外從家族老照片中，發現阿公開過戲院，開啟她對戲院空間的興趣，並在行政院客家委員會築夢計畫贊助下，前往紐約觀摩當地的藝術電影院。對她來說，阿公和戲院雖都已不在，但「新高戲院」帶來的歡樂，卻永遠留存在大家的心中。

左：1950 年頭份珊珠湖新高戲院開張時的熱鬧場面，從戲院票房口到外頭慶祝開幕的牌樓，處處擠滿了人。

右：美輪美奐的新高戲院，為地方民眾帶來許多歡笑及美好回憶。

礦工个子女

1953-63
苗栗三灣

一所學校的畢業照，見證了苗栗煤礦產業的興衰。

這是位在三灣崁頂寮（今三灣鄉頂寮村）的東山國校，日本時代，住在這裡的孩子必須徒步四、五公里的路程，到三灣國校或是南庄田美國校就讀，光復後，在地方熱心教育人士大力奔走下，於 1949 年8 月成立三灣國校頂寮分校，初期借用頂寮村民集會所開班上課，之後因為人數逐年增加，加上第一任村長邱盛明捐地建校，終於在 1954年獨立為東山國校。

就在此時，苗栗開始大規模開採煤礦，在全台產煤地區中，苗栗縣總面積居全國第二，僅次於台北縣，尤其位在崁頂寮的大山煤礦，更是縣內第一大煤礦，巔峰時期，坑內運煤台車一百台、坑外運煤卡車17 部，連同公司職員、司機、採煤工、掘進工、支柱工、坑內搬運工、坑外搬運工及洗煤工，共有員工 1,400 多人。原本荒鄉僻壤的崁頂寮，因為開採煤礦吸引大量外來人口，這些前來工作的員工，他們的子女正好就讀東山國校。

我們可以從學校逐年增加的畢業生人數，看到大山煤礦當年的盛況，尤其是 1960 年代全盛時期，全校增加至九個班，學生多達 372 人，1964 年畢業生更是高達 78 人。1970 年代，受煤礦停產與台灣工商業發展的影響，人口開始嚴重外流，班級數驟減為六班。此後，台灣的城鄉差距日益拉大，各地偏鄉小學人數銳減，1993 年 8 月 1 日，東山國小被裁併為三灣國小東山分校，翌年再改為三灣國小東山分班，熱鬧的崁頂寮再度歸於平靜。

上：1953 年三灣國校頂寮分班時期，全校歡送廖順芳及張姓兩位老師入營合影留念，當時就讀本校的多半是礦工子女。

左下：1955 年 7 月東山國校第一屆畢業生合影，男生 27 人、女生 30 人。此後隨著煤礦的興盛，學生人數日漸增加。

右下：1963 年第九屆畢業生合影，男生 25 人、女生 23 人，合計 48 人，隔年畢業人數更高達 78 人。

頂寮分班廖張兩老師入營受訓留念合影民42.6.10

苗栗縣東山國民學校第一屆畢業生合影留念民國四十年七月

東山國民學校第九屆畢業生合影留念民國三十年

母姊會

1954、1958
苗栗頭份

還記得小時候開母姊會時，大家都好奇想要看看同學的媽媽長什麼樣子，也期盼老師能夠在媽媽面前誇獎：「妳的孩子在學校表現很優秀喔！」也有的同學沒有家人來參加，一副失落的樣子，羨慕地看著其他同學，張阿祥相簿裡的母姊會照片，讓我們重新回到兒時的記憶。

「你看有幾多人共下照相，愛等大家排好勢，實在冇簡單！」那是在1954年的春天，頭份斗煥國民學校舉辦第二次的母姊會，當天不但學生的媽媽們出席，連家裡的阿太、阿婆、姊姊、妹妹，甚至在襁褓中的嬰兒全都到齊，人多到張阿祥的鏡頭也容納不下，真可說是盛況空前。

話說母姊會的由來，最早是為了宣導全民衛生觀念，當時台灣的衛生環境尚未改善，齲齒、砂眼、頭蝨、寄生蟲等各種問題，相當普遍，為了加強保健教育、學校與家庭之間的聯繫，養成學生良好習慣，政府於1953年起，規定國民學校成立班級性的母姊會，每學期舉辦三次，若情況不允許，則至少一到二次。一般情況下，學童在家裡與母姊接觸最多，母姊對他們的日常生活習慣、健康情形也最為了解，因此母姊會就等於學校與家庭之間的橋梁，一方面協助學校可藉此明瞭或協助解決學童的健康問題，另方面，則可以將衛生保健觀念落實於家庭。

這項作法果然相當有成效，在婆婆媽媽們的努力下，台灣的衛生環境得到相當大的改善，「母姊會」完成階段性任務後，逐漸轉型成「家長會」，目前則變成每學期一次的「親師座談」；只是現代多半是雙薪家庭，母親也得上班負擔家計，照顧孩子的工作只好交給祖父母或保母、外傭，祖孫四代參加母姊會的盛況也成為歷史畫面了。

上：1954年，斗煥國民學校舉辦42學年度上學期第二次母姊會，許多學童家裡祖孫四代都來了，可說是全家總動員，相當熱鬧。
下：1958年，46學年度下學期中年級的第一次母姊會，場面依然壯觀。

斗煥國民學校四十二年度上半期第二次母姊會攝影民秋11.28

四十六學年度下學期中年級第一次母姊會留影 民國五三

歡送壯士

1951
苗栗頭份

台灣光復初期，為求經濟復興及人民生活安定，暫緩實施徵兵，一直到 1951 年 7 月 25 日才首度頒發「徵兵令」，以梯次徵召屆齡役男入伍服役，陸軍每週一梯次，役期兩年，海、空軍每月一梯次，役期三年，兵源主要是補充職業軍人退役的缺額，因此被稱為「充員兵」或「補充兵」，經過短期新兵訓練後分發至各部隊。

「這是我們珊珠湖第一次補充兵入伍，幾乎全村的人都來歡送！」張阿祥還記得為了拍這張照片，他爬到對面的高處，拍下這張歷史性的照片。當時年輕人入伍當兵，可是村裡的大事，珊珠湖主要的街道上擠滿了人群，大家不分男女老少，都來替家鄉的子弟送行，場面之盛大不輸給選舉造勢活動。在那個年代，男生入伍服役報效國家，被視為一件極為光榮的事情，只見卡車上飄揚著「為國爭光」的旗幟，每位壯丁也都披上「精忠報國」的綵帶，十分風光。

從卡車和人群後方，可以看到珊珠湖街上僅有一條石子路，路旁房屋多為木造平房，最高只有兩層樓，屋前多植有大樹好乘涼，村民以腳踏車為主要交通工具，與現今高樓林立、車水馬龍的景象完全不同。

國民政府從日本手中接收台灣，也接收日本所有留在台灣的裝備，照片中的 Hino 日野牌軍用卡車，就是日本人留下來的。十幾年前，日軍用這些卡車把台灣的壯丁送到南洋作戰，如今換成國民政府把年輕人載去當兵，在熱鬧歡送的背後，有著太多家人的不捨與辛酸。

1951 年，珊珠湖的壯丁坐在卡車上準備入伍，家家家戶扶老攜幼出來送行。

佳城落成

1954
苗栗頭份

這天是張家祖墳落成的日子，秋高氣爽，日正當中，大家扶老攜幼，像是到野外郊遊一般，只見四方桌上擺滿了各式祭品及全豬牲儀，祭品用竹編的謝籃及木製的托盤擺飾，呈現一種農村特有的生活美學。

重視祖先崇拜的客家人，以來台祖或某位祖先的名義，把散居各地的墳墓及骨骸集中在一處，稱之為「佳城」，佳城的風水好壞，牽動整個家族的興衰，因此備受家族宗親關注。張阿祥家族選在此時興建祖墳，是因為大家覺得政府實施土地改革之後，時局漸穩定，經濟也好轉，這都得感謝張家祖先的庇佑。

張家來台祖鼎才公從大陸原鄉來台之後分為兩大房，其中二房移民到後山花蓮，祖墳落成這天負責主祭的是頭份代表張漢文 1，他是當地頗負盛名的文人；後山代表張坤和，則是事業有成，曾任花蓮玉里國中創校家長會長。張阿祥回憶當初修祖墳時，兩大房因為互不信任而爭吵不休，後來在他居中調停下，終於讓事情圓滿完成。

「以前脣頭（旁邊）全部係茶園摻（和）梨子，地點盡好！」這處位在頭份斗煥坪的祖墳，有著絕佳的視野，落成當天，全台各地族親，包括移居花蓮者全都回來參加，修祖墳的大理石，也是由住在後山花蓮的族親張石雲提供。

隨著地方的發展，張家祖墳於 1982 年遷移到頭份老崎一帶，現在的斗煥坪已是房屋林立，照片中的果園和茶園早已消失，看來再好的風水寶地，還是不敵都市發展的壓力。

1. 張漢文早年進中國維新運動核心人物康有為在上海創設的天游學院，與梁啟超、陳千秋並列康有為三大入室弟子，後來曾任中國駐日本及新加坡領事館領事；光復後返台，因不耐官場習氣，辭官從商，二二八事件後回到斗煥坪故居，與妻子司馬秀媛歸隱田園，過著與世無爭的耕讀生活，其果園成為文壇友人經常造訪之處，其女為著名客家女性作家張典婉。

上：1954 年農曆 9 月 22 日，張家祖墳落成祭典，中跪主祭者為頭份代表張漢文，左邊為後山代表張坤和。
下：張阿祥家族位在頭份斗煥坪的來台祖墳落成，各地的子孫返鄉祭祖。

十一世來台祖鼎才公暨夾世祖考姚佳城落成紀念
民國四十三年農曆九月二十二日

十一世來台祖鼎才公暨夾世祖考姚佳城落成紀念
民國四十三年農曆九月二十三日

半山家庭

1950 年代
苗栗頭份

張阿祥的家族中，有一對著名的文人兄弟——張漢文及張子斌（漢臣），他們在日本時代先後到中國大陸發展，曾經擔任高級文官，而且兩人都娶上海老婆，抗戰勝利後回到台灣，成為當時台灣人所謂的「半山」。張子斌係追隨哥哥張漢文前往大陸，進入北平中國大學經濟系就讀，畢業後出任中央銀行主任，抗戰期間服務於情報單位；戰爭結束後，回到台灣出任行政長官公署貿易局副局長，之後改任省府參議，並於 1951 年參選第一屆苗栗縣長，競選失利後前往東部經商一段時間，便回到故鄉歸隱田園。

對張子斌來說是回鄉，但是對於從上海逃難到台灣的太太趙敏淑以及兩個女兒來說，卻是來到全新的環境，從繁華的大都會來到頭份鄉間的竹籬笆屋，一切都得從頭適應，而且張子斌和張漢文在大陸時都改名換姓，因此趙敏淑是來到台灣之後，才知道自己的先生是台灣人。

照片中趙敏淑的一襲旗袍裝扮，以及姊妹花的格子裙及腳上的布鞋，在當時的鄉下可說相當少見，也顯示了她們的特殊身分。「這兩個叔婆都出身書香門第，不但學養很好，還精通英、日文！」張阿祥的兒子張松光，印象最深刻的就是看見趙敏淑在讀 Newsweek 和 Time 這些外國雜誌，讓他大開眼界。

不過照片中幸福的一家人，卻在夫妻感情生變之後瓦解，趙敏淑帶著兩個女兒到台北自謀生活，獨力拉拔她們長大成人，老大張典姊台大外文系畢業後，隨夫婿旅居澳洲，並在當地大學教授中文，能說一口流利中文的澳洲總理陸克文，就是她的得意門生；老二張典熙畢業於台大植物病蟲害系後，與夫婿旅居美國，趙敏淑也跟著到美國定居，從此離開這個曾令她傷心的島嶼。

1.「半山」指日本時代前往中國發展、光復後返台的台灣人，台灣昔稱中國「唐山」，他們是台灣人，但待過大陸，所以稱「半山」；隨國府來台的中國人就稱「阿山仔」。國民政府為了鞏固統治，光復初期以及 1949 年退守台灣之後，都起用不少「半山」人士擔任官職。

上：1950 年代，曾任台灣行政長官公署貿易局副局長的張子斌，在斗煥坪的家居生活照，左起：張子斌、長女典姊、次女典熙、夫人趙敏淑。
左下：上海時期的趙敏淑母女。（張阿祥收藏）
右下：趙敏淑母女在斗煥坪的居家生活照，趙敏淑手裡捧著一本書，她受過良好教育，精通英、日文。

農家
細心臼仔

1950 年代
苗栗頭份

「在所有姑姑裡面，就是阿圓姑最辛苦！」張阿祥的兒子張松光，指著相片中未施脂粉的婦人說，只見她身旁圍繞三個女兒，手裡抱著還不會走路的小兒子，神情顯得有些憔悴。張松光口中的阿圓姑就是張阿祥的妹妹張蘭妹，小名圓妹，出生還未滿月，就被賣給人當細心臼仔1，從小就有做不完的農事和家事，長期的過度勞動，使她看起來比實際年齡蒼老許多。

早期台灣民間送養女兒的情形相當普遍，而且是一方面把自己的女兒賣掉，一方面又抱別人家的女兒來養，像是張松光的大姑姑，就是從蕭家抱來的，親生的二姑姑卻賣給另一戶人家。這種風俗主要是因為重男輕女與傳宗接代的傳統觀念使然，一般情況是生家為了減輕生活負擔、省嫁妝費等因素而將親生女兒送走；養家則為增加勞動力、節省日後聘金和娶親的花費等各種考量，而收養別人女兒當養女或童養媳。送養多由家中男性作主，但懷胎十月的母親，怎捨得自己的心肝被送走？往往會跑到養家偷看自己的女兒，暗自把眼淚往肚裡吞。

這些被送養的小女孩，多數從小就得負擔沉重的家務，等同小女僕，若不幸不得養家喜愛，還可能遭受虐待，日子就更艱苦了。童養媳和預定婚配的對象到了適婚年齡時，家長會擇日或在過年除夕的年節，讓雙方「圓房」，就這樣完成婚姻大事；萬一男方不願，家長則會作主把她嫁出去，童養媳完全沒得選擇。

她們的一生就像油麻菜籽，隨風飄散、任人擺佈，卻也充滿強韌的生命力，就像阿圓姑，辛苦了一輩子，卻從不喊苦，甚至樂在其中，如今她的兒女個個事業有成，一切辛苦終於有了代價。

1. 細：小；心臼：媳婦；細心臼仔，是童養媳的意思，有時也用來形容客家中地位低下、凡事畏縮的小媳婦。

1950 年代，張阿祥的妹妹張蘭妹與孩子們合影於頭份湳湖屋前。

洋裁織夢

1951-54
苗栗頭份、三灣

中港溪畔,是張阿祥照片常見的場景,在不同的時空,記錄了地方人事物的變動,這回,是一群細阿姐仔(小姐)的合照,她們穿著花色繽紛的洋裝,好幾人的款式相當接近,原來,她們是洋裁班的學員,身上的衣服,可都是親手做的。

1950 年代初,台灣紡織業才剛起步,成衣市場非常有限,一般家庭的日常衣物,多半還是婦女自行縫製,或是到裁縫店訂做,當時女子普遍會在出嫁前學習簡單的洋裁技巧,洋裁班因而相當盛行。另一方面,在重男輕女的傳統觀念下,多數鄉村女孩只能念到國小畢業,而為了培養生活技能,許多家長會把女兒送到洋裁班學裁縫,除了習得一技之長,也為將來進入家庭做預備,對待字閨中的少女來說,洋裁班就像是出嫁前的短期訓練,在一針一線之間,編織著對婚姻的憧憬與出外賺錢的夢想。

張阿祥拍了不少珊珠湖、興隆、三灣、富興等地的洋裁班照片,因為每年春節前後,她們都會請張阿祥來拍紀念照。其中,留下最多影像的是珊珠湖的白梅洋裁園,主持人就是上圖第二排右邊第三位的宋瓊妹,她的髮型相當時髦,手上優雅地拿著手提包。左下是三灣洋裁班,其中有一兩位還只是小女孩,最特別的是右下這張,大家約好女扮男裝,可見當時社會風氣已逐漸開放了。

透過洋裁班的訓練,裁縫業在很長一段時間,是許多台灣婦女幫助家計的重要經濟來源。1950 年代中、後期,台灣紡織業發展迅速,1957年,「中國人造纖維」在頭份正式開工,紡織工業往前邁進一大步,1960 年代紡織業表現更加亮眼,外銷長紅,帶動國內成衣市場的蓬勃,成衣大量生產、價格低廉、式樣繁多,加上此時不再像 50 年代那般貧困,大家轉而購買方便的成衣,從此家裡的先生和孩子們,愈來愈少有機會穿到媽媽用愛心親手縫製的衣服了。

上:1951 年農曆正月,珊珠湖白梅洋裁園的學員合影於中港溪畔,二排右 3 為主持人宋瓊妹。
左下:1952 年農曆 12 月,三灣洋裁班學員合影留念。
右下:1954 年農曆正月,富興洋裁班的學員們女扮男裝於中港溪畔合影,西裝、夾克、領帶,紳士帽、軍帽、鴨舌帽,各具巧思。

白梅洋裁園 40.旧1.21

民國四十年旧四月四日
紀念攝影

民國四十三年農正月胡天初天橫日

縣長夫人

1960 年代
苗栗

1949 年，大量中國軍民隨著國民政府撤退來台，也把大陸的衣著文化帶到台灣，其中最具有代表性的，就是女性的「旗袍」。

其實早在 1930 年代，台灣就曾經跟隨上海流行過旗袍，之後因為皇民化運動及戰爭影響而退燒，直到光復初期又再度盛行，甚至出現把嫁妝衣服修改成旗袍，以表達對祖國的認同；不過二二八事件爆發後造成省籍對立，台灣婦女穿著旗袍也因此頓時減少許多，到了國民政府撤退來台，由於大陸婦女普遍穿旗袍，旗袍第三度流行，並在國家威權的影響下，成為官夫人或是代表國家意識的象徵性服飾。

照片中穿著旗袍的婦女，是前苗栗縣長林為恭的夫人李靜妹女士，林為恭於 1960 年當選苗栗縣長後，李靜妹也晉升為縣長夫人，成為官夫人的一員。「𠊎酊酊走去苗栗拍，佢指名一定愛𠊎拍（我專程到苗栗去拍，她指名一定要我拍）！」張阿祥還記得那天是到縣長官邸前的小花圃拍照，李靜妹盛裝打扮，緊貼的旗袍腰身，顯得有些束縛感，手上的小提包，以及上梳的髮型，都是當時流行的款式。

縣長夫人雖然表面風光，背後卻有著不足為外人道的辛酸，出身於新竹寶山新城望族的李靜妹，於 1930 年嫁入頭份豪門世家後，為林為恭育有四子二女，由於林為恭長年在外，很少過問家中事務，為了家庭和子女，李靜妹盡守本分，辛苦持家；如今林家子孫開枝散葉，成就不凡，都得歸功於這位偉大的女性。

1960 年代，苗栗縣長林為恭夫人李靜妹攝於縣長官邸前。

阿茶伯姆

1960 年代
苗栗頭份

在頭份義民廟後方的小小巷弄，成排的老舊矮屋裡，一戶不起眼的民家，門口掛著「阿茶伯姆，小兒收驚」的招牌，這位阿茶伯姆在頭份可說是無人不知、無人不曉，不但是頭份最早領有助產執照的產婆，也是救活無數嬰兒的知名「先生媽」，小孩遇有任何疑難雜症，只要找阿茶伯姆便可以解決，因此鄉民稱譽她是庇佑嬰兒的「媽祖婆」。

阿茶伯姆本名李茶妹，出身於現在頭份上興里的李屋，她丈夫是頭份名中醫陳石（張阿祥外公）的長子陳煌金，所以張阿祥要稱她一聲「舅姆」。這張照片中的阿茶伯姆，身穿道袍、手持佛珠，威嚴而銳利的眼神，彷彿可以震懾所有作怪的鬼魅，不禁讓人升起敬畏之心。

收驚在台灣是非常普遍的民俗療法，最常見的是小孩受驚嚇或無端哭鬧不止，家長就帶著小孩的衣物給「先生媽」作法收驚。程序大多是施法者先膜拜佛教、道教神明（如觀音菩薩、關帝君、呂祖師、清水祖師、媽祖、土地公等），請神來幫忙驅邪，同時搭配唸咒語（讀文）及特定手勢，之後用紅紙畫上符咒，邊畫邊唸口訣，經過加持的「收驚符」，就可帶回家和水服下，或貼在門柱、臥室等地方。

除了用收驚符治邪之外，還有香米收驚法（根據米堆呈現的紋路解釋受驚原因）、執香收驚法、擦身收驚法、衣服收驚法、卍字收驚法等，早期阿茶伯姆收驚多半抱著作功德的心理，並未規定收費價格，前來求助者依自己能力給個紅包，或是致贈自家生產的農產品做為酬謝，真是非常貼心又有人情味的服務。

如今，阿茶伯姆早已過世，老瓦房也更老了，加了鐵皮來保護，但收驚招牌仍在，換成了嶄新的「阿茶伯母收驚」，她的後人傳承了這項傳統療法，繼續用媽祖婆般的愛心，照顧著頭份的孩子們。

1960 年代，人稱「阿茶伯姆」的陳李茶妹肖像，她是頭份最早領有執照的產婆，也以小兒收驚著稱。

告別故鄉

1952、1959
苗栗三灣、新竹峨眉

照片上的題字,透露了兩個家族遷移他鄉的故事。

第一張照片寫著:「民國四十一年舊十月十日於故鄉攝影」,經張阿祥的說明,才知道這家人準備要搬到後山花蓮去,特別在離開故鄉前拍下這張紀念照片;另一張照片寫著:「48年元宵節於故里」,這家人要搬去的地方更遠,在南美洲的巴西。

1950年代的台灣,正面臨政治上的不安與變化,經濟也還在起步階段,加上天災帶來的重大損失,對於許多居住在山區的客家人來說,走出山林,向外發展,成為一股潮流;由於當時工業尚未發展,這群出走的客家人還是以農業為主,尋找可以開墾的新天地,其中地廣人稀的花東縱谷,就成了移民的最佳選擇之一,尤其是光復後鼓勵菸葉種植,以及開發大理石礦,吸引許多西部移民來到後山定居生根。

另一處新天地,則是遠在大海另一端的美洲大陸,尤其位在南美洲的巴西,更是吸引許多來自台灣的移民。當時要做這樣的決定,需要相當大的勇氣,光是搭船到巴西,就得花上一個多月的時間,甚至有的人要先到別的國家再輾轉到巴西,到了目的地,連自己要到哪裡落腳都不知道。

光是看著照片想像,就覺得這是一趟多麼艱辛的旅程,帶著這麼多的孩子,以及所有的家當,離開生長的土地,前往遙遠的他鄉,一切充滿著未知與挑戰,然而為了生活,這也是不得不接受的選擇吧!

上:1952年,三灣崁頂寮一戶農家,在遷移後山前的全家福紀念照。
下:1959年元宵節,即將移民巴西的蘇瑩勝一家人,於峨眉富興的老家前合影紀念。

民國四十一年旧十月十日於故鄉攝影

48年元宵節
影故里

龍神再見

1970
苗栗頭份

「你知珊珠湖个龍跈大水走忒了無（你知道珊珠湖的龍跟著大水跑掉了嗎）？」

「有影無影（真的假的）？」

「不信你自家去看就知（不信你自己去看就知道）！」

1970 年的初秋，一個名叫芙安的颱風，雖然沒有登陸台灣陸地，卻造成桃竹苗地區嚴重災情，其中在頭份珊珠湖地區，出現了難得一見的移山奇景，加上許多人的穿鑿附會，像是珊珠湖的「龍神」跑了，還有大水潭陷下去變成一個大洞等等，吸引許多人前來一看究竟，沒想到經過口耳相傳，看熱鬧的人潮愈來愈多，竟然成了熱門觀光景點。

這時，有生意頭腦的攝影同業，開始在現場賣起風景明信片，一張兩塊錢，結果賣到斷貨，原本觀望的張阿祥，最後還是拿起相機拍下一系列的移山奇景照片，只是等張阿祥做好明信片要賣時，風潮已經過去，人潮也不再，「該斯留等自家做紀念好咧（那就自己留著做紀念好了）！」張阿祥笑著說。

從照片中可以看見颱風過後造成的地景改變，以及絡繹不絕的觀光客，類似的場景也出現在 921 大地震之後，災區觀光成為一股風潮。不過在觀賞奇景之餘，有更多的問題值得深思，當時台灣為了發展經濟，大量開採森林及礦業，使得山林受到極大的破壞，龍神的出走，也是對人類過度開發的抗議。

隨著環保意識抬頭，台灣的生態逐漸恢復中，也期盼「龍神」能夠再度回來，與我們一起守護美麗的山林。

上：1970 年 9 月芙安颱風來襲，中港溪（右上方）河水暴漲，造成珊珠湖沿中港溪一帶移山奇景，溪邊大片田園都浸在水裡，山崗上的茶園也崩毀得七零八落。
左下：觀光客扶老攜幼來到被夷為谷地的山丘，崖邊的小棚子，八成是賣涼水的看準人潮來這做生意。
中下：山丘大幅滑落，一座看似茶工廠的建築孤伶立在崖邊，令人怵目驚心。
右下：偌大的巨石、時髦的洋裝小姐，這可不是野柳也不是哪個海邊景點，而是中港溪做大水切割出來的奇觀。

大伙房

1960 年代、1971
苗栗頭份、新竹峨眉

客家先民渡海來台,把原鄉的飲食習慣和穿著服飾帶來台灣,也把漢人的夯土技術帶入居住的建築中,不過台灣並沒有出現客家土樓——圓樓,也鮮少有大型的圍龍屋,而是發展出台灣特有的「伙房」文化。

客家人稱同姓宗族的聚落為「伙房」,或者是「夥房」,可以解釋成大夥同住在一起,也可以說一起開伙吃飯,兩種意思都可以呈現傳統農村的生活形態,即分工合作、互相幫助的共同生活。「伙房」的規模可大可小,最重要的是祭拜祖先的「公廳」,也是維繫整個家族向心力的所在,無論離家多遠,都得回到伙房的公廳祭祖。

1960、70 年代,台灣工商業開始發達,農村人口大量外流,年輕人到外地發展,只剩長輩守著祖先留下來的伙房,等待過年或生日做壽時兒孫回來,才會出現照片中難得的四代同堂熱鬧景象。

還記得小時候,最期盼寒暑假時回頭份阿公家的大伙房,在那裡,有像是迷宮一般的小巷,有美麗的稻田和水圳,有鵝和黃牛會追著小孩跑,還有好多的堂哥堂姊可以一起玩,阿公的伙房,就像是一個大遊樂場。

上了國中之後,回伙房的次數愈來愈少,只有在過年時匆匆來去,上了大學,更是把伙房忘得一乾二淨,直到阿婆過世時,坐國光號到頭份下車後,驚覺記憶中的故鄉已經變樣,甚至找不到回家的路。

農民賴以維生的稻田,被一棟棟的樓房取代;原本生態豐富的小溪,成了水泥排水溝;昔日划船釣魚的埤塘,如今變成了大馬路;兒時的玩伴,全都離家到了都市發展。幸運的是,老伙房還在,雖然已經被重重高樓包圍,它還是幽雅地屹立在這片土地上,繼續守護著我們世代子孫,直到未來不可知的哪一天,被子孫拆除為止。

上:1960 年代,頭份水流東朱炳元家族於伙房前合影,前排中間兩位為朱炳元夫妻。
下:1971 年,峨眉富興黃姓家族為 81 歲的老人家做壽,在大伙房前留下四代同堂的紀念照。

家嚴八閒開一壽辰留念民國六十年農四月十五日

張阿祥
年表

1916	農曆 8 月 19 日,張阿祥出生於頭份,排行老二;因兄弟眾多,過繼給堂叔張漢淵,因張漢淵二十幾歲就過世,所以張阿祥仍與父母住在一起。
1917	農曆 1 月 24 日,妻子李香妹出生於南庄。
1922	入頭份公學校就讀。
1928	先後入頭份、田寮的私塾學漢文。
1931	在族親張鼎雙於頭份開的聖描軒畫像館學攝影,與同門師兄弟胡裕祥結為好友,因兩人同年出生,遂結為「同年」。
1932	學成攝影手藝,家裡賣掉田產,湊足一百多塊錢供他到台北買相機。
1933	在頭份家中開設「美影寫真館」。1935 年震災後的市區改正之後,仍在頭份街開業,又稱「美影寫場」,為竹南登記第 8 號的相館。
1935	4 月 21 日,新竹州、台中州發生大地震,拍攝災後照片,包括頭份市區改正前的街景。
	10 月 10 日,與舅舅陳來春同遊台北,參觀台灣博覽會。
1936	與夫人李香妹結婚;父母兄弟舉家遷移花蓮,只留張阿祥在頭份。
1937	皇民化運動開始;日本發動侵華戰爭,台灣進入戰時體制。
	11 月 5 日,長子張勝一郎出生。
1939	10 月 7 日,總督府實施「米穀配給統制規定」,開始對主食(米)採配給制度。次子張正二郎(張松光)出生;張阿祥和友人前往花蓮港廳探親。
1940	為日本皇紀 2600 年,全島各地舉行奉祝儀式;到北埔探望好友胡裕祥,留下兩人「皇紀 2600 年」之合影紀念照。
1941	2 月 21 日,長子張勝一郎往生。
	4 月 1 日,台灣的小學校與公學校全部改稱為「國民學校」。
	4 月 19 日,「皇民奉公會」成立。
	12 月 8 日,日本偷襲珍珠港,並向英、美兩國宣戰,太平洋戰爭開始。
1942	2 月,實施「陸軍特別志願兵」制度,翌年 7 月,實施「海軍特別志願兵」制度;至戰爭結束為止,接下許多軍隊、戰時動員之拍攝工作。
	4 月 3 日,三子張正三郎(張盛光)出生。
1943	11 月,與同年胡裕祥前往望鄉山林場拍攝拾週年紀念寫真帖。
1944	8 月 5 日,總督府發表〈台灣戰場態勢整備要綱〉,已有台灣「戰場化」之準備。
	10 月,美國飛機開始對台灣進行密集轟炸;因戰爭時局下經濟困窘,搬到好友林占梅家一起開設「林照相館」。
	12 月 21 日,四子張煥光出生。
1945	因空襲頻繁,舉家疏散到珊珠湖,開設「珊瑚照相館」;調到各地奉公,從事各種戰時義務勞動。
	8 月 15 日,日本宣布投降;於頭份拍下熟識之待遣返日軍。
1946	與同年林礽湖前往基隆開設「美華照相館」,拍攝日人遣返作業、中國接收軍警等照片。

頭份張家系譜

張阿祥曾祖父佛閞派下
以男丁為主，登錄至 18 世張阿祥一代；
女性姓名，僅登錄本書內容提及者。

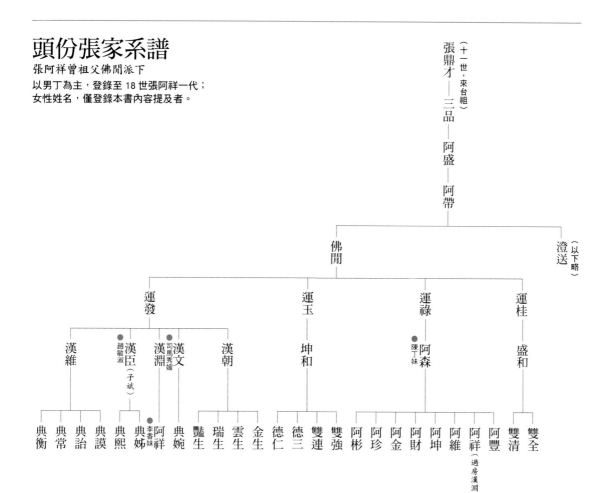

圖版索引

以下所列本書攝影家圖片，主要選自「20世紀（1975年之前）臺灣客籍攝影家調查暨數位典藏計畫」，此計畫為「行政院客家委員會客家文化發展中心」於其籌備階段時於民國97至98年期間委辦之計畫，共完成張阿祥等11位客籍攝影家共約47000張圖檔及後設資料之數位化工作，相關成果已彙整至「臺灣客家文化中心典藏管理系統」。
圖片下方標示依序為本書頁碼，及「20世紀（1975年之前）臺灣客籍攝影家調查暨數位典藏計畫」圖檔檔號。少數圖片僅標示頁碼，則為作者撰文過程中，由攝影家另外提供。

P10
thcc-hp-jas00086

P10
thcc-hp-jas00084

P10
thcc-hp-jas00828

P10
thcc-hp-jas00733

P11
thcc-hp-jas000855

P11
thcc-hp-jas01021

P12
thcc-hp-jas00872

P12
thcc-hp-jas01002

P12
thcc-hp-jas00062

P14

P15
thcc-hp-jas00152

P15
thcc-hp-jas00462

P15

P16
thcc-hp-jas00122

P16
thcc-hp-jas00777

P16
thcc-hp-jas00793

P17
thcc-hp-jas00091

P17
thcc-hp-jas00165

P18
thcc-hp-jas01137

P18
thcc-hp-jas01026

P19
thcc-hp-jas01142

P20, P33
thcc-hp-jas00050

P23
thcc-hp-jas00968

P23
thcc-hp-jas00971

P25
thcc-hp-jas00235

P27
thcc-hp-jas00798

P27
thcc-hp-jas00030

P29
thcc-hp-jas00189

P29
thcc-hp-jas00232

P31
thcc-hp-jas00090

P31
thcc-hp-jas00095

P33
thcc-hp-jas00731

P33
thcc-hp-jas00040

P35
thcc-hp-jas00234

P37

P37

P39
thcc-hp-jas01158

P39

P41
thcc-hp-jas00251

P43
thcc-hp-jas01144

P43
thcc-hp-jas00986

P45
thcc-hp-jas00503

P45
thcc-hp-jas00506

P47
thcc-hp-jas00188

P49
thcc-hp-jas00988

P49
thcc-hp-jas00355

P51
thcc-hp-jas00985

P53
thcc-hp-jas00531

P55
thcc-hp-jas00532

P57
thcc-hp-jas00530

P59
thcc-hp-jas00529

P61
thcc-hp-jas00190

P63
thcc-hp-jas00015

P63
thcc-hp-jas00693

P63
thcc-hp-jas00293

P65
thcc-hp-jas00270

P67

P67
thcc-hp-jas00279

P69
thcc-hp-jas00130

P70, P75
thcc-hp-jas01150

P73

P77
thcc-hp-jas00618

P77

P79

P81
thcc-hp-jas00475

P81
thcc-hp-jas00291

P81

P83
thcc-hp-jas00320

P83
thcc-hp-jas00890

P85
thcc-hp-jas00555

P87
thcc-hp-jas00476/jas00290

P87
thcc-hp-jas00466

P89
thcc-hp-jas00624

P89
thcc-hp-jas00623

P89
thcc-hp-jas01029

P90
thcc-hp-jas01042

P91
thcc-hp-jas00580

P91
thcc-hp-jas00582

P91
thcc-hp-jas01025

P92
thcc-hp-jas00626

P92
thcc-hp-jas01031

P92
thcc-hp-jas01038

P92
thcc-hp-jas01037

P93
thcc-hp-jas01035

P94
thcc-hp-jas01040

P95
thcc-hp-jas01041

P96
thcc-hp-jas00574

P96
thcc-hp-jas00575

P97
thcc-hp-jas00576

P97
thcc-hp-jas00578

P97
thcc-hp-jas00579

P98
thcc-hp-jas00553

P98
thcc-hp-jas00550

P98
thcc-hp-jas00563

P98
thcc-hp-jas00562

P99
thcc-hp-jas00561

P100
thcc-hp-jas00564

P100
thcc-hp-jas00568

P100
thcc-hp-jas00993

P101
thcc-hp-jas00995

P102, P125
thcc-hp-jas00469

P105
thcc-hp-jas00107

P105
thcc-hp-jas00036

P105
thcc-hp-jas00035

P107
thcc-hp-jas00250

P107
thcc-hp-jas00964

P109
thcc-hp-jas00655

P109
thcc-hp-jas00684

P111
thcc-hp-jas00008

P113
thcc-hp-jas00474

P115
thcc-hp-jas01157

P117

P117

P119

P119

P121

P121

P123
thcc-hp-jas00982

P123
thcc-hp-jas00895

P123
thcc-hp-jas00893

P125
thcc-hp-jas00479

P125
thcc-hp-jas00449

P125
thcc-hp-jas00447

P127
thcc-hp-jas00117

P129
thcc-hp-jas00160

P129
thcc-hp-jas00896

P130, P141
thcc-hp-jas00254

P133
thcc-hp-jas00451

P133
thcc-hp-jas00450

P135

P135
thcc-hp-jas00446

P137
thcc-hp-jas00467

P137
thcc-hp-jas00457

P137
thcc-hp-jas00459

P139
thcc-hp-jas00461

P139
thcc-hp-jas00492

P143
thcc-hp-jas00497

P143
thcc-hp-jas00493

P143

P145
thcc-hp-jas00901

P145
thcc-hp-jas00899

P145
thcc-hp-jas00490

P147
thcc-hp-jas00484

P147

P149
thcc-hp-jas00430

P151

P151
thcc-hp-jas00333

P153
thcc-hp-jas00304

P153

P153
thcc-hp-jas00282

P154
thcc-hp-jas01160

P157
thcc-hp-jas00016

P157

P159
thcc-hp-jas01154

P161
thcc-hp-jas01075

P161
thcc-hp-jas00621

P163
thcc-hp-jas00161

P165
thcc-hp-jas01065

P165
thcc-hp-jas01066

P167
thcc-hp-jas00310

P167
thcc-hp-jas01109

P167
thcc-hp-jas00344

P169

P169
thcc-hp-jas01108

P171
thcc-hp-jas00483

P173
thcc-hp-jas01153

P173
thcc-hp-jas01152

P175
thcc-hp-jas00227

P175
thcc-hp-jas00184

P175
thcc-hp-jas00185

P177
thcc-hp-jas00237

P179
thcc-hp-jas00061

P179
thcc-hp-jas00052

P179
thcc-hp-jas00296

P181
thcc-hp-jas00031

P183
thcc-hp-jas01129

P185
thcc-hp-jas00219

P185
thcc-hp-jas00229

P187
thcc-hp-jas01044

P187
thcc-hp-jas01045

P187
thcc-hp-jas01049

P187
thcc-hp-jas01050

P189
thcc-hp-jas00239

P189
thcc-hp-jas00257

P204
thcc-hp-jas00689

P204
thcc-hp-jas01010

穿越時空的
奇幻之旅

黎振君

僅以此書獻給我的阿公黎廷善先生,以及曾經走過那段烽火歲月的先人們。

還記得第一次拿到照片清單時的激動,那是一種觸電的感覺,看著照片裡每個人的眼神,散發出那個年代特有的氣質,雖然很多故事的主角已經不在人間,但張阿祥老先生用他的相機,把這些人的情感和精神留了下來,成為當代歷史的見證。

真的很高興可以把這項艱鉅的任務完成,老實說,寫作過程中一直沒有把握可以完成,一方面怕自己的能力有限,無法全面掌握時代的氛圍,一方面老先生對於個人及家族的事一直不願多談,使得訪談的時間拖得很長,不過卻也多了和老先生相處的時光。

讓我印象最深的,是幾次充當司機,開車載老先生到處拜訪親友,老先生記憶力超好,帶著我穿梭在不知名的巷弄間,讓我認識早已被時代遺忘的老頭份;路途中,聽老先生

隨意說著家中的瑣事，或是談著頭份家族的陳年往事，對我來說都有很大的收穫，我也從這些零散的聊天中，慢慢拼湊出古早年代的頭份。

為了實際感受照片中人物所處的環境，我親自跑了許多地方，像是頭份、三灣、南庄、北埔一帶的山區，到了這些地方，真正體會到居住在山裡的客家人，生活是多麼不容易，也更加敬佩老先生在那交通不便的年代，自己帶著沉重的裝備跋山涉水，只為了拍一張照片——原來這一張張的照片，竟是如此得來不易。

另外，我也跟隨老先生的足跡到了基隆和花蓮，感受這些地方的特殊氛圍，尤其是花蓮之行，為了尋找照片中的原住民頭目，我跑到瑞穗和玉里的阿美族部落，問了許多地方耆老，雖然最後還是沒能找到，卻因此結識了許多有趣的人，也對日本時代的後山有了更真實的了解。唯一的遺憾是，還沒有親自上望鄉山走一趟，我和老先生父子相約，等書完成後，我們要一起上山去看看。

最後，與大家分享兩張沒有放入內文的照片，我特別鍾愛老先生所拍攝的女性，這些客家女性的眼神和身影，散發著特殊的溫柔與堅毅，以及對命運的接受與豁達，願以此書向偉大的客家女性致敬。

願愛無所不在。

於南庄小東河

◀◀鄰居的大姊姊曾梅蘭，用傳統背帶揹著張阿祥的小兒子張鎮光。
◀頭份名花，曾任職大成中學護士，嫁入頭份黃家豪門。

【致謝】
感謝張阿祥老先生，願意分享用生命拍下的動人照片；感謝簡永彬先生獨具慧眼，讓這些照片得以重新被看見；感謝張松光先生大力協助，提供非常珍貴的家族和口述資料；感謝陳運棟校長對中港溪流域所做的完整基礎調查，成為我寫作重要的參考依據；感謝張典婉小姐對家鄉的情感與書寫，是我當初決定回到頭份生活的重要動力；感謝日本朋友新村由美子及大田香華，讓我了解許多日本的文化背景及台日之間的親密連結；感謝鍾菊丸小姐主動提供家族照片，讓我更了解老先生對地方的貢獻；感謝遠流團隊對我的寬容和支持，讓我得以順利完成此書；感謝親密伴侶徐小姐，在我閉關寫作期間獨力照顧五個孩子；感謝照片中的每位主角，給予我極大的心靈啟發和感動。

【參考書目】

專書

《苗栗縣地名探源》，呂榮泉主編，苗栗：苗栗縣地名探源編輯委員會，1981

《日本帝國主義下的台灣》，矢內原忠雄著、周憲文譯，台北：帕米爾書店，1985

《台灣歌仔戲的發展與變遷》，曾永義，台北：聯經出版公司，1988

《台灣的客家禮俗》，陳運棟，台北：臺原出版社，1991

《愛憎二‧二八——神話與史實：解開歷史之謎》，戴國煇、葉芸芸，台北：遠流出版公司，1992

《台灣大地震：1935 年中部大震災紀實》，森宣雄、吳瑞雲，台北：遠流出版公司，1996

《台灣歷史圖說》，周婉窈，台北：聯經出版公司，1997

《台灣史 100 件大事》上、下，李筱峰，台北：玉山社，1999

《再夢台灣之寶：台灣消失行業焗腦、伐木篇》，廖景淵，台北縣板橋市：山河文史工作室，2000

《殖民地經驗與台灣文學：第一屆台杏文學學術研討會》，柳書琴等作、江自得主編，台北：遠流出版公司，2000

《台灣客家族群史：政治篇（上）》，蕭新煌、黃世明，南投：台灣省文獻委員會，2001

《莊淑旂回憶錄》，莊淑旂口述、許雪姬執筆，台北：遠流出版公司，2001

《撐旗的時代：台北帝大醫專學生手記》，黃稱奇，台北：悅聖出版社，2001

《頭份鎮誌》，陳運棟主編，苗栗：頭份鎮公所，2002

《照見歷史：頭份老照片集》，陳運棟主編，苗栗：苗栗縣文化局，2002

《台灣後殖民國族認同 1950-2000》，盧建榮，台北：麥田出版社，2003

《三灣鄉誌》，陳運棟主編，苗栗：三灣鄉公所，2005

《烽火歲月：台灣人的戰時經驗》，南投：國史館台灣文獻館論文集，2005

《認識台灣：回味 1985-2000》，遠流台灣世紀回味編輯組，國立台灣歷史博物館籌備處、遠流出版公司，2005

《自由化 民主化：台灣通往民主憲政的道路》，薛化元，台北：國立編譯館，2006

《唐山看台灣：228 事件前後中國知識份子的見證》，李筱峰，台北：國立編譯館，2006

《戰爭體制下的台灣》，蔡錦堂，台北：國立編譯館，2006

《南庄鄉誌》，陳運棟主編，苗栗：南庄鄉公所，2009

《逆旅》，郝譽翔，台北：聯合文學出版社，2010

《台灣顏、施兩大家族成員服飾穿著現象與意涵之研究：以施素筠老師的生命史為例（1910-1960 年代）》，
  葉立誠，台北：實踐大學教務處出版組，2010

《一九四五夏末》，BARZ，台北：國立台灣歷史博物館，2011

論文與報告（含網路資料）

〈1935 年台灣博覽會之研究〉，程佳惠，國立中央大學歷史研究所，2001

〈日本海軍與臺灣〉，張力，國立東華大學歷史學系，2001

〈水裡坑林業地景與生活空間之社會建構〉，張婉菁，南華大學環境與藝術研究所，2003

〈戰後台灣戶政變革之研究：從「接收復員」到「清鄉戒嚴」（1945-1949））〉，吳勇正，國立成功大學歷史研究所，2006

〈尋找魔力的房子：紐約戲院‧電影場景探尋之旅〉，溫知儀，行政院客委會「築夢計畫」計畫書，2006

〈「鋤頭戰士」之南進：日治後期台灣農業人才之輸出〉，張靜宜，高苑科技大學《高苑學報》第 13 卷，2007

〈臺灣近代消防教育的開端：日治前期消防訓練探析（1895-1921）〉，

　蔡秀美，國立中央圖書館臺灣分館《台灣學研究》第 4 期，2007

〈食物消費中的國家、階級與文化展演：日治與戰後初期的「臺灣菜」〉，

　陳玉箴，中央研究院台灣史研究所《臺灣史研究》第 15 卷第 3 期，2008

〈台灣近代的喪禮告別式〉，黃芝勤，國立政治大學民族學系，2009

〈台灣衫到洋服──台灣婦女洋裁的發展歷史(1895 年 -1970 年)〉，陳佩婷，逢甲大學歷史與文物研究所，2009

〈清代淡水廳竹南一保街庄名的社會空間意涵：試論慈裕宮五十三庄宗教組織的形成〉，

　林聖欽，國立臺灣師範大學地理學系《地理研究》第 50 期，2009

〈國策會社與日本移民事業的開展──滿洲拓植公社與臺灣拓殖株式會社〉，

　張素玢，國立臺灣師範大學台灣史研究所《師大臺灣史學報》第 2 期，2009

〈國家與兒童健康：1950-60 年代臺灣國民學校的衛生教育〉，張淑卿，國史館《國史館館刊》第 24 期，2010

〈臺灣省行政長官公署對臺籍行政人員之接收與安置〉，蕭富隆，國史館《國史館館刊》第 24 期，2010

〈戰後初期在臺日人之遣返與留用：兼論臺灣高等教育的復員〉，

　歐素瑛，國史館台灣文獻館《台灣文獻》第 61 卷第 3 期，2010

〈日治時期台灣教育與改造：以《台灣青年》為研究對象〉，許桂菊

〈日治時代台灣經濟的發展〉，葉淑貞，臺灣銀行經濟研究室《臺灣銀行季刊》第 60 卷第 4 期

〈性別與改姓名：日治時期的改姓名實例分析〉，劉正元，正修科技大學應用外語系

〈台灣日治時期稻草工藝的發展〉，諸葛正、林螢貴，朝陽科技大學工業設計系（所）

〈戰爭時期台灣健民運動的展開〉，許佩賢

〈臺灣傳統客家婦女服飾的美學分析〉，范靜媛，台南女子技術學院服飾設計管理系

國家圖書館出版品預行編目（CIP）資料

凝視頭份.張阿祥 / 張阿祥攝影；黎振君撰文
.-- 初版 -- 苗栗縣銅鑼鄉：客委會客發中心
,2012.01
208 面； 24x19 公分 . -- （客庄生活影像故
事；3）
ISBN 978-986-03-0484-8（平裝）
1.客家 2.生活史 3.照片集 4.苗栗縣頭份鎮
5.苗栗縣三灣鄉

536.211/7   100025401

客庄生活影像故事 3
凝視頭份
張阿祥

攝影：張阿祥
撰文：黎振君
審訂：陳運棟、陳板、鄭林鐘

出版者：客家委員會客家文化發展中心

製作發行：遠流出版事業股份有限公司
發行人：王榮文
編輯製作：台灣館
總編輯：黃靜宜
主編：張詩薇
編輯：李淑楨
美術設計：雅堂設計工作室
企劃：叢昌瑜、葉玫玉
行銷：鄭明禮、李立祥

諮詢委員：鍾鐵民、范文芳、邱彥貴

台北市 100 南昌路二段 81 號 6 樓
電話：（02）2392-6899
傳真：（02）2392-6658
郵政劃撥：0189456-1
著作權顧問：蕭雄淋律師
法律顧問：董安丹律師
輸出印刷：中原造像股份有限公司
2012 年 1 月 初版一刷
2014 年 1 月 初版二刷
ISBN 978-986-03-0484-8
GPN 1010100016
定價 380 元
行政院新聞局局版臺業字第 1295 號
（若有缺頁破損，請寄回更換）
有著作權‧侵害必究
Printed in Taiwan

yib-遠流博識網
http://www.ylib.com E-mail: ylib@ylib.com

本書由客家委員會客家文化發展中心
授權遠流出版公司出資印刷發行